한국 성인만화의 정치학

性愛, 유혹과 그 소멸의 향기

한국 성인만화의 정치학

性愛, 유혹과 그 소멸의 향기

박종성 지음

인간사랑

머리글 | Preface

보고 즐기면 그뿐이라 생각하기도 했다. 구태여 뜯어보겠다고 덤빌 때부터 사단은 나게 돼 있었나 보다. 어떻게 눈 뜨든, 어디서 바라보든. 그냥 읽고 그런가 보다 하려 했다. 치미는 마음 누르지 못하니 문제였다. 어쩌다 나도 만화 속 세상 뛰어다닐 순 없을까 하는 그런 생각 말이다. 마음 일렁거린다고 함부로 디딜 땅 '아님'을 왜 몰랐을까. 하지만 곁눈질하다 아예 돌아앉아 죽치고 빠져든 게 성인만화였다.

지금도 알 수 없는 건 저 수많은 작가들 속마음이 아니다. 비닐 포장 뜯겨졌든 아니든 서산에 해 지면 더욱 빛나는 이 장르를 두고 세상은 왜 눈 부라리며 냉대를 일삼는 걸까. 성인만화가 뭘 어쨌다고. 만화 같은 세상이라 말들은 해도 만화더러 길을 묻는 경우란 드물었다. 학문도 못하는 일을 어디다 에둘러 기대느냐 누군가 호통이라도 쳐주었으면 좋았을 걸. 그랬으면 나도 그놈의 탈이나 뒤집어쓰고 소리나

냅다 질러댔을 것을. 그러는 당신은 그동안 뭐 했냐며 같이 침이나 튀기게. 학문은 그럼 알뜰살뜰 현실을 구원한 걸까.

우아하고 자태마저 단정하고자 옷매무새 여미는 지식의 눈꺼풀 위에서 '조국은 여전히 신음하고 있다.' 아직도 멀었다고 몸부림치며 내부 분단과 단절의 트래지디 메뉴삼아 애써 온 나라 점검 중이다. 소통하지도 못할 주제들을 무슨 불륜의 배필들처럼 끌어안고 오늘도 이 세미나, 내일도 저 심포지움 치르며 어깨에 각角 못 세워 안달이다. 세상은 그래서 그만큼 앞으로 나아갔는지, 그리하여 이 땅은 기다려 볼 까닭이 흐르고 넘치는 것인지 기상청은 그것까지 예보해 주지 않는다. 거룩한 지식이 폼 잡는 그 대목에 관하여.

내일도 모레도 가망 없건만 그래도 해야 하는 게 '기대'이려나. 차라리 한밤중 편의점 형광등은 어쩌자고 더더욱 빛나는 건지, 이름 없는 시골 하천엔 어찌하여 문명의 파편들만 토악질하며 제각각 흘러가고 있는지 이제 다시 따져 볼 일이다. 아니, 또 있다. 『불한당들의 세계사』에 사기꾼, 갱, 엉터리 구세주, 여자 해적 등 세상의 악인들은 다 나오건만 왜 이 나라 직업정치인들은 모조리 빠져 있는지 말이다. 보르헤스가 우리말을 못해 그랬을까.

그는 이들이 '결코 역사의 장에서 지워지지 않을 나쁜 표본으로 절대 필요한 사람'이라 말한다. 하지만 행복의 즉시적 구현에서 이 땅의 만화가들을 따를 이는 없다고 필자는 단단히 믿는다. 입만 열고 구라고 눈만 뜨면 표 생각에 이

밤도 헛 궁리로 뒤척이는 정치꾼들에게 무슨 인간적 땀방울이 있을 것이라 믿을 일일까.

모두가 나서서 뒤집지 못해 사는 세상이라면 따라길 맛이라도 있어야 했으련만. 게나가 자나 깨나 성실하기라도 했다면야 무슨 미움에 어디 분노의 화살로 저들 권력의 화신들을 지탄하며 끓는 속 달래려 들었을까. 권력이 저지른 집단적 불행으로 치떠는 날이야 벌써 헤일 수 없이 흐르지 않았는가. 그보다 차라리 만화책 '칸' 넘기는 행복과 그러다 자지러지는 우리 기쁨의 방정식을 천착할 일 아니었을까.

피눈물 모아 권력을 이루고 가문의 영광을 뽐내는 자들에게 지금 당장 우릴 즐겁게 해보라며 진작 채근할 일이었다. 조국의 영광이 '머잖은 내일의 모습'이란 저들의 구호가 위대한 사기임도 반증해야 했다. 하여 행복이란 지금 즉시 모두를 웃기고 울리며 감동시키는 즉발적 도구라고 줄기차게 일깨워 볼 일이었다.

한 줄의 글보다 한 칸의 그림이 사람을 다가서게 만들고 있었다. 그래서 눈으로 '겪음'이 마음의 '믿음'보다 한 수, 아니 여러 수 위임을 알게 하는 지름길인 것도 어디 악쓰며 부르짖을 일이었을까.

갖다 붙인다고 다 '정치'가 아니요, 덧댄다고 또 '정치학' 되는 게 아님은 불문가지다. 때로 너무나 헤퍼 결정론의 역풍이 회오리 불러 그러잖아도 녹슬은 간판 더욱 애먹이는 이치도 알 만한 이들은 벌써 다 알고 있다. 다만 모른 척 눈

감아 줄 따름이다. 분명코 '밖에서 보면 안이 더 잘 보인다.' 만화로 정치를 보면, 아니 작가의 눈으로 세상 권력 읽으면 그리도 명료해지는 걸 그땐 왜 몰랐을까. 원서에 줄긋고 앉아 있노라면 뭔가 꼭 저절로 이루어질 줄 알았었는데. 하나로 모든 걸 얘기하자면 그게 유추이며 무리한 상상인 걸 왜 아니 몰랐을까. 하나를 뜯어보면 그 속에 국가가 있고 '따름'과 배반이 있음을 알게 된 건 그야말로 아둔한 방랑자의 훈장 같은 것.

줄 듯 줄 듯 주지 않는 권력의 배신 닮아 어느 덧 흉내내다 비슷해져 버린 그것도 하필 '섹슈얼 러브'라니. 믿었다 당했고 기다렸다 물먹은 게 어디 하루 이틀이었을까. 준다길래 그런 줄만 알았지, 그냥 벗고 다가오길래 따라 벗었던 게지 유혹이 죄의 덫일 줄이야 어디 가르치고 배워 터득할 일이었을까.

권력보다 몇 백 곱절 성실한 만화가의 선묘가 한층 밝고 맑은 내일의 단서임을 그런데 작가들은 알고 있을까. 그럴까, 과연? 그나저나 저 많은 작가들 가운데 세 분의 존재에 마음 빼앗긴 건 우연치곤 진정 예외였다. 그들의 표현은 적확했다. 그게 정녕 손색 없는 정치적 도발이자 문화적 저항이었는지는 잘 모르겠다. 하지만 작가 '정현육제 · 정낙원 · 조성빈'이란 세 이름이 '성애' 표현의 감각적 주역들로 빛나는 까닭은 필자만이 궁리하고 있는 게 아닐 것이다.

어찌 허튼 언사 몇 마디로 '님'들의 그림을 탐貪할 것이며 하고픈 주장의 대강을 빗대겠는가. 그러나 따지고 보면 애당초 만화와 사회과학은 만나지 못할 까닭이 서로 없던 터였다. 소통의 목적 하나만으로 보자면, 서로가 서로에게 복무해야 할 진정성이란 것도 그래서 그다지 목청 높여 부르짖을 사안은 아니었던 셈이다.

자칫 '작가'란 존재감에 덧씌워지는 모종의 신비와 물리적 거리를 뛰어넘는 일은 따로 치러야 할 과업이었다. 〈한국만화가협회〉의 유택근 팀장님과 주재국 국장님, 주식회사 〈콕코스〉의 박세철 선생께서 애써주시지 않았던들 원전 인용은 꿈조차 꿀 수 없는 일이었다. 더없는 고마움일랑 그래서 모두 이분들 몫이다. 필자에게 다시 젊음 빼앗긴 병현이에게 어찌 빚 갚을 것인지는 두고두고 고민할 일이다.

2007년 7월

비 내리는 無心川邊에서 지은이 씀

목차 | Contents

인용 만화 **차례**

은둔과 편견

| 어른들의 '만화 보기'와 '어른 만화'

만화 보는 어른들은 행복하다. 보고 싶다 말만 하지 않고 실제로 자기만의 여유와 집중력을 발휘할 수 있는 한, 세상 누구보다 행복한 이들이다. 비록 자투리 시간일지언정 순간을 영원으로 붙잡아 매어둘 신비한 힘이 그 속에 깃들어 있음을 뉘라 부인하랴. 세상 시름 잊게 만들거나 끝내 미치도록 웃고 울고 몰두하도록 잡아끄는 매력 덩어리가 만화임을 삶에서 잡아뗄 힘은 누구에게도 없다. 그건 꼭 영화나 스포츠의 마력을 닮아 판타지로 둔갑하기도 하고 이 땅 권력자들 누구도 감당 못 할 괴력마저 만화는 독점한다.

괴력이든 마력이든 만화의 대중적 흡인력은 그것만으

로도 문화권력의 한 축을 이룬다. 이는 곧 만화가 예술이냐 아니냐를 놓고 벌이는 일대 논전이나 실천활동과는 다른 차원의 문제를 제기한다. 엄연한 장르 예술이자 세상 곳곳 누비는 실체적 힘의 단위로 만화를 '바라봄'은 이제 보편의 추세다. 하지만 너무나 흔해서 삿되며 가볍고 일상적이어 그저 우습게만 대하려는 무의식적 홀대가 여전함은 직업만화가들만의 유감이 아니다.

만화에 대한 새삼스런 편견, 그건 뭘까.

1. 만화는 '쉽다.'
2. 만화는 그래서 '좋다.'
3. 무겁지 않아 더욱 편안한 만화는 그러니까 만만하다.

어렵지 않아 좋고 가벼워 더욱 호감 가는 만화가 궁극에 문제가 되는 건 그렇담 뭘까. 그건 막상 보는 이, 읽는 이 모두가 함부로 생각하고 마음대로 대해도 괜찮을 것이란 무의식 속에서 증폭된다. 장르 특유의 사정에서 기인하는 문제일 수도 있었다. 말하자면 만화가 동원하는 심리적 편안함과 접근의 용이함은 중후함보다 가벼운 위로와 문화적 선무도구로 인식하게 했던 게 사실이다.

'쉽다는 것'은 자칫 잘 '잊고' 자주 '홀대'하게 되는 결과를 초래한다. 그것이 아무리 의도치 않은 행위의 결과였다 해도 만화의 문예적 견인효과가 실질에 비해 크지 않았던 이유도 이같은 까닭에서 쉽게 추론할 수 있다. 많고 많은 작품들의 우열을 가리거나 이를 단호히 입증할 절대기준도 없고 보면 당장 어쩌지도 못할 일이다.

경우에 따라 만화 역량의 결핍은 공격적 비판과 내부사정의 악화를 초래한 원인으로 치부될 수도 있을 것이다. 그게 뭔지 또 누군지가 중요한 건 물론 아니다. 비판기준도 애매하고 공격 근거 또한 희박한 이상, 만화 본연의 인문학적 기능과 사회적 역할에 한층 천착하는 일이 도리어 중요한 건 아닐까. 게다가 만화가 서 있는 이 땅의 자리와 문화상황에 한결 가까이 다가가는 일이야말로 내부의 접전과 공방에 앞서는 일이 아니겠는가 말이다.

하기야 양과 질의 문제를 어찌 등가적으로 다룰 일일까. 흐드러지도록 뒹굴며 쏟아지는 만화가 '다 좋다'는 얘긴 곧 만화는 '다 나쁘다'는 지독한 편견을 거울처럼 되비치는 또 하나의 도그마일 뿐이다. 아니 아예 그처럼 제가 제 꼬리 자르는 도마뱀마냥 둔갑해 버려도 말리지 못할 일이다. 어떻게든 작가들이 그 편견을 뛰어넘으려 들지 않았다는 푸념과 공격도 금세 벽에 부딪칠 것이다. 현실의 모순에 갇혀 옴짝달싹 못 하게 됨이 어찌 만화세상에만 적용되겠는가.

게다가 세상이 인정하고 환호하는 것들마저 머잖아 퇴색과 변질의 고통으로 몸부림쳐야 하는 현실을 바로 쳐다볼

라치면 눈길은 차라리 새삼스러워진다. 너무나 흔하여 있는지 없는지조차 분간하기 힘들게 되어버린 저 지독한 일상의 조각조각에 한없는 애정을 기울이는 일이야말로 정작 중요했던 게 아닐까. 허구한 날 작품의 우열이나 가리고 인기순위에 눈이 멀어 꽃이든 돌이든 던져야 하는 전쟁 속에서 왜 만화마저 별들의 숫자놀음에 장단 맞춰야 했는지 이젠 찬찬히 따져볼 때도 되잖았을까 하는 얘기다.

나선 김에 좀더 나가 보자. 만화가 하찮은 게 아니라 만화를 하찮게 본 기왕의 시각을 뒤집는 일부터 심상찮은 과업이 되어야 한다. 만화를 만화답게 만든 만화 내부의 전략과 전술을 치밀하게 들여다 보는 작업 말이다. 그건 정말이지 뭐였을까. 만화를 만화답게 만드는 여러 요소들 가운데 세상 사람들이 결코 빼놓지 않는 것 가운데 하나가 바로 '재미'다. 재미없는 만화는 만화가 아니란 편견 역시 만화를 세상의 중심에서 밀어낸 독한 모순의 핵이다. 재미가 있어야 만화일 수 있다는 믿음과 감각적 말초가 강한 흥미의 뇌관을 매설해 주도록 작가를 압박할 때 만화는 어쩔 수 없이 장르적 가벼움과 예술적 무게 사이에서 방황할 수밖에 없었다.

이렇게 보면 위의 편견이 증폭될 가능성은 매우 커진다.

4. 만화의 '재미'는 힘이자 짐이다. 힘이 짐으로 바뀌는

순간은 물론 재미가 사라지는 때다.

5. 흥미의 소실消失점이 만화들 사이에서 자주 빈복 · 확산될 때 유통의 경제학은 시장질서를 고려하지 않는다.
6. 질서의 교란과 흥미의 지탱은 별개인 듯 보인다. 그러나 그 사이에는 만화의 생산과 소비에서 피하지 못할 거미줄이 지뢰밭처럼 널린다. 거기에 걸려들어 퍼덕이는 부나비와 의식의 절반을 저당잡고도 또 다른 흥미의 마력을 확대재생산하려는 거미의 계략은 지금 이 순간에도 충돌 '중'이다.

그러나 과연 '재미있는 만화'란 뭘까. '재미있는 만화'는 대체 '재미있는 소설', '재미있는 영화', '재미있는 얘기'와 어떻게 다른 걸까. 만화를 더욱 만화답게 만드는 요소로 '재미'란 도무지 뭘까. 이때 '재미'는 만화를 한층 가볍게 만드는 반反예술적 족쇄로 작동하는 걸까, 아니면 무의식적 계몽도구로 기능하는 걸까. 도대체 대중예술의 각 장르를 넘나드는 재미의 '공시성'이란 작가의 의도이자 사회적인 요구로 받아들여야 하는 걸까.

답변은 끝도 없이 펼쳐질 수 있을 것이리라. 굳이 난삽한 미학이론까지 거론하지 않더라도 말이다. 그것은 '재미혹은 '흥미'를 포함한 온갖 유사 의미까지 넣어'의 객관적 규정을 넘어 모두가 공감할 수 있는 인식단위들을 섞어버린다. '즐거움 · 맛남흥의 맛 · 만족'에 이어 흔히 말하는 '취미의 영역'까지 포괄하는 '재미의 세계'는 적어도 의미의 연상고리를 한없이 펼치도록 우리의 감각을 이완시킨다. 이는 적어도 이성의 통제와 그로 인한 긴장을 풀기 위해 동원되는 일체의 감각적 견인수단'들' 속에서 쉽게 발견된다. 그것도 나 혼자만이 아니라 누구라도 같이 느낄 수 있는 행복과 그같은 의식의 덩어리를 끌어내는 동력원쯤으로 '재미'의 의미를 더듬는다면 그 모습의 외곽은 일단 그려낸 게 아닐까.

그러나 문제는 여기서 새삼 시작된다. '재미'가 '재미'를 다 보고 나면 그 자리엔 허무의 편린과 더 큰 재미를 밝히려는 허기진 욕구가 끝간 데 없이 이어지니 말이다. 얼굴 없는 저 기형의 기갈과 울기어린 본능의 외피를 어쩌지 못하여 삐지고 토라진 감각이 바로 그 우울을 핑계삼아 투정과 시비를 일삼으려 들 때, 그리고 경험해 보지 못한 감각을 상상하는 그 순간부터 삶은 헷갈리고 때로 어지러워지지 않았던가.

그 나날들은 어떤 모습으로 되살아나는가. 허기진 삶의 언저리에 사람들이 모여들고 시도 때도 없이 스치는 인연의 거미줄이 그림자를 드리울 때, 사라져 가는 감동과 묽어지는 정감 하나 움켜잡으려 그 매듭 곁에서 몸부림칠 때 무언가누군가 나타나 어떻게든 위무해 주었으면 바라고 또 바라진 않았는가. 그때 우리는 정작 무얼 했던가. 순간, 소리 소문도 없이 나타나 그 역할 도맡았던 매체가 만화였음을 다시 또 웅변으로 대신해야 할 이유가 있을까. 그 때문에 세상이 저만치 나아갔음도 세속의 역사는 기억으로 증명하는 터였다.

그게 발전이니 퇴보니 정색하며 되묻진 말자. 얘긴 뒤엉켜 버릴 테니까. 만화가 세상 발전시켰다 두둔해대면 '엄숙주의'가 눈 흘길 테고, 만화가 삶을 척박하게 한 또 하나의 독소였다 비판하자면 그건 본질에서 너무 벗어난 얘기가 될 테니. 생각해 보자. 만화가 있어 그나마 이 정도 지탱하는 삶이라면 그건 과장일까 역설일까.

읽고 보며, 보다 읽는 저 특이한 만화의 독해방법은 움직이는 그림과 자막까지 읽어내야 하는 '영화보기'와 흡사하다. 적어도 시각적인 동시 노동행위를 무릅써야 하는 이치인 즉 거울처럼 되비친다. 하지만 둘은 엄연히 다르다. 정지화면의 연속적 '겹침'과 간헐적 '생략'은 근본적으로 같지 않기 때문이다. 장면의 연속성은 의식하되 이야기 구조를 바탕으로 한 그림을 글과 '동시 견인'하려는 만화의 전략은 애당초 영화와는 전혀 차별적인 시지각視知覺의 자극과 잔영효과를 노리기 때문이다. 보면서 즐겁고 보고 나도 금세 되펴볼 수 있는 만화 읽기는 그래서 영화와는 또 다른 행복을 제공한다.

영화의 잔영이 만화보다 쉽게 잊혀지는 건 진정 역설이

다. 재확인 절차의 번거로움과 감각적 수용의 복합성도 한몫 거든다. 하지만 움직이는 그림과 정지된 선묘線描 차이에서 비롯되는 지각의 차별성이 큰 원인이었을 것이다. 즉, 선묘의 수시 확인이 용이하다는 사실은 만화보다 한층 번거롭게 수용한 동영상의 감흥을 쉽게 잊도록 자극한 셈이다. 물론 만화와 영화를 아주 단순하고 거칠게 비교해서 말이다. 단순 비교는 감안해야 할 여러 부작용을 낳는다. 그러나 일상적으로 선의 충격과 장면의 감흥을 전달하는 두 장르의 세밀한 차이는 문예 토픽으로 군림하기 충분하다.

행복한 느낌을 유지하는 개인의 방식과 잔영의 감각적 관리도 결국 주관의 문제로 환원될 것이리라. 다만 둘 다 곁에 두고 다시 보되, 너무나 편하여 쉽게 잊은 대목들을 소스라쳐 되돌려 볼 마음의 여유만 잃지 않는다면 그들 모두를 끌어안음이 더욱 행복한 노동임을 무엇으로 부인하겠는가. 비유의 준거로 빗댄 영화 얘기는 이쯤에서 접자. 이야기의 본류는 역시 만화니까.

> 재미, 행복, 즐거움, 삿됨, 짧은 호흡, 스피디한 여운, 욕구의 재충전, 감각적 허전함, 또 다른 선묘의 시도, 그래도 건조한 자위, 대안의 부재, 암전과 공허, 겹침과 다름, 예술과 외설의 편차, 원색과 흑백의 대비, 도약과 생략, 압축과 상상, … .

'만화'를 감싸고 도는 이들 이미지와 이를 통한 온갖 자의적 연상도 이젠 멈출 때가 되지 않았을까. 즐기면서 뒤돌아 씹느니 만화에 공들인 인물들 노고부터 진정 치하하며 그들에게 받은 은덕도 좀 제대로 갚고 지나야 할 때는 진작 지나지 않았겠는가 말이다. 제 돈 주고 만화 사서 읽는 정성까지야 들이지 못할망정, 여전한 선입견에 스스로 갇혀 굴러다니는 돌멩이쯤으로 만화를 인식하는 악습부터 고치는 것이 지금 우리가 할 일이다.

거친 지질紙質의 시리즈물이 서가에 꽂힌 채 세월 지나 빛바래 퍼석거려도 그건 엄연히 '책'이자 버젓한 문헌이다. 펄프 픽션이 문학이 아니라 말할 자 땅 위 어느 나라 어느 곳에 있을까. 마찬가지로 만화까지 예술로 분류하느냐 되묻는 자 세상 어디에서 고개를 되돌리리오. 만화란 '쉬운 것'이라고 넘본 대가가 덧없는 망각과 턱없는 신간 출현을 자극하는 사회심리의 분출로 나타났다면 시장질서는 분명 재구성되어야 한다. 게다가 이른바 대중문화의 교란은 다잡아져야 한다. 그것이 만화의 만만치 않은 운명이라면 이 나라라고 피하며 도망갈 일 또한 아니었을 것이다.

예술을 구태여 대중과 고급으로 나눠 두 덩어리로 가를 때부터 만화의 운명은 호사스러울 리 없었다. 분류학의 미명 아래 만화를 아무리 후자의 서랍에 가두어 세련과 쾌적의 외피로 덧씌우려 덤볐어도 세파의 먼지가 먼저 묻고 대중의 입김이 서둘러 닿지 않을 리 없었던 것이다. 그 속에서 세상 달래며 잠시나마 번민의 대지를 이륙하라고 만화는 이성의 갑옷을 맡아둔 채 문화의 관제탑을 장악하기도 했다.

그것은 숱한 이들을 밀회의 공간으로 초대하여 은둔시켜 주었다. 그 대가로 때로 육신을 저당잡거나 감찰자들의 레이더망을 교란하는 방호기능도 키웠다. 나아가 이를 확장 · 분열하는 무의식적 변신의 모멘텀으로 훌륭히 작동하기도 했다. 만화의 매력이 증폭되고 만화의 저력이 대지를 뒤흔드는 가히 괴력의 세월이 세상을 지배했던 사정도 사람들은 그러나 쉽게 인정하려 들지 않았다. 그건 대체 무슨 질투와 홀대였을까.

만화는 '책' 도 '예술' 도 아니란 편견을 버리지 못했을 뿐 아니라 사회적으로 중요한 역할을 담당한다는 사실조차 겸허히 받아들이지 않는 상황 속에서 오해와 비난은 커져만 갔다. 게다가 변론 없는 세월 속의 경쟁적 창작과 대안 없는 유통의 그늘만이 나라 곳곳을 지배하는 상황도 여전한 편이다. '만화를 살리자' 고 그 흔한 운동 한번 가열차게 지탱한 적 없고, 누구나 당하고 못 사는 세상 속에서도 대대적 캠페인조차 자구책으로 펼쳐보지 못한 세월을 견뎌오는 동안 곡해와 폄하 또한 이처럼 심한 경우는 드물었을 것이다.

그러나 누가 뭐래도 만화의 사회적 역할은 변하지 않는다. 좀 거창하게 표현해서 국민들의 행복추구권을 즉각 보장해 주는 건 이 땅의 정치권력도 헌법도 아니다. 그건 이 세상 만화들이다. 생각해 보자. 입만 열면 거짓말하는 이 나라 권력들이 언제 약속 지키는 걸 본 적 있는가. 그에 비하면 이 땅의 만화가들은 직업정치인들이 넘보지 못할 순수와 열정으로 무장하고 당장 판가름나는 능력으로 자신을 감싸는 이들이다. 실망마저 진솔한 노력 끝 결과물로 인정받는 경우란 어디 흔한 일인가. 선으로 울리고 이야기로 뒤흔들며 면과 색으로 흥분시키는 만화가들의 능력을 꼼꼼히 따지자면 어디 바탕색과 명암처리까지 들여다 볼 필요마저 있겠는가.

작품으로 말을 잇자면 보는 이들마다 다 다른 얘길 할 것이다. 하지만 자신의 베스트 목록에 따라 만화가들의 위상을 대비해 보라. 그들 모두는 화가이자 이야기꾼이고 감독이자 연출자다. 그뿐이랴. 감독과 미술감독까지 겸한 만화가들은 조명에 소품, 의상과 분장까지 혼자 책임지는 움직이는 종합 공방으로 작업의 결과물이 평면처리된다는 한계만 도드라질 뿐 가시적 대상으로서의 기여는 분명하다.

만화의 공헌. 굳이 만화가의 의도적 산출물이든 아니든 그것이 독자의 행복과 즐거움을 견인해냈다면 만화는 어느 날 한때 권력이 약속한 '정의사회구현'이나 '보통 사람들의 시대', 아니 그와는 도저히 견주지 못할 인간적 공헌을 했던 게 아닌가 말이다. 만화를 향한 일방의 애정이나 그 예찬까진 그만두더라도 지식과 예술 일반이 이같은 만화의 숨은 혼을 비껴가고 있는 까닭은 그러나 어딘가 딴 데 있는 것일까. 외경도 무시도 아닌 제3의 경로가 배후에 있되 모습을 드러내지 않는 것이라면 그 숨은 그림 찾아 헤매느니 차라리 만화를 만화 그대로 보고 진솔히 다가가는 길을 찾는 게 더 낫지 않을까.

만화의 문화적 위력과 이를 뒷받침하는 예술적 저력은 이제 다시 목청높일 대상이 아니다. 그것은 엄존하는 현상이자 현실의 일부로 탄탄하게 숙성되어 있다. 거품처럼 뒤덮인 만화 주변의 편견을 걷어내고 내부의 독소와 부분적 오만을 제거하고 나면 다시 찬연히 빛날 꿈과 희망을 설파하는 데 그들은 모범적 전거로 세상 한 구석을 지배한다.

본시 막강하였던 위력을 다시 소생시키는 것. 작가의 의도와 독자의 욕망이 그 접점을 찾아 관심과 애정의 아우라를 소리 없이 퍼뜨려 나가는 일. 그리하여 대지의 전역이 만화적 선과 글의 열정으로 뒤덮이는 상황의 상상. 만화의 사회적 영향력을 굳이 힘주어 말하지 않아도 문화적 일상성을 되찾을 수 있을 때 예술적 자생력도 건강성을 비축할 수 있을 것이란 예측은 아무리 자주 반복해도 문제될 것이 없다.

만화의 힘을 문화적 영향력으로 정의하든, 인문학적 저력의 또 다른 표현으로 규정하든 사회적 제패의 본원적 에너지는 이름하여 '만화의 정치성Politicity of Cartoon'이라 부르자.

혹여 이제는 만화마저 권력화하여 '지배-복종'의 관계망을 통해 '세력'과 '힘'을 과시하는 장르로까지 커진 것이냐는 반론이 거세게 일더라도 말이다. 굳이 따지고 들자면 만화는 진작부터 권력이 아니었던가. 인정받아야 함에도 인정해주지 않으려 들었던 사회세력이자 문화권력의 핵심 단위로 말이다.

왜 '정치'냐고? 아직도 '정치'를 '별꼀것'으로 생각하자면 얘기는 진작 시들해져 버린다. 아니면 늘 저 '정치'란 말이 거창한 의미의 숲속에 가려진 도대체 음험하고 엉큼한 족속들의 전유물이거나 구태여 알아봤자 자기하고는 관계없는 일쯤으로 치부해 버리곤 했을 터였다. 하여 여간해서는 아직도 알지 못할 개념이거나 알려 해도 굴껍데기처럼 덕지덕지 붙어버린 머릿속 편견에 가려 새로운 입력과 의미의 조정이란 게 아예 불가능한 작업일 수도 있었다.

이렇게 되면 '만화의 정치성'이란 온통 헤매고 헛갈릴 그야말로 혼돈의 새로운 원류이자 느닷없는 추상밖에 되지 못할 것이다. 만화도 편견대상으로 존치되고 있거늘 게다가 '정치성'이란 추상명사까지 갖다붙이자면 대부분 고개를 갸우뚱할까. 어려운 건 딱 질색이고 그렇다고 갑자기 너무 쉬워지면 그것도 또 거부하고픈 기묘한 명품감각의 소지자들께서 '만화의 정치학'까지 운운하는 앞에 고운 표정 유지하기란 쉽지 않을 일이다.

그러나 정말이지 '정치'가 별것인가 말이다. 별것인 줄 알았다 별것 아닌 걸로 판명나면 다시 또 희망 잃지 않으려 버겁도록 방황하는 일이야 개인 사업이라 치부하도록 하자. 하지만 '다스리고' 다스림 '받는 일'만이 '정치'가 아니라 아예 끊지 못할 오만가지 관계의 그물망 속에서 그놈의 삶의 네트워크를 조금, 아주 쪼금이라도 낫게 만들려 기 쓰고 티 나도록 애써본 보람이 진정 결실을 볼라치면 그게 곧 감동의 정치고 희망의 다스림이라면 얘긴 훨씬 쉬워지지 않을까. 그대로 놔둘 수 없어 숱한 이들이 '이렇게는 되어야 하지 않느냐'고 소리 없이 절규하는 걸 '정치'라 부르자면 그건 어떨까. 미리 그럴 듯 걸러내거나 그렇게 하면 대부분 허락하리라 믿고 밀어붙이는 게 '정치'라 여긴다면 그건? 모두의 승낙을 받은 듯 그렇게 끌고 그렇게 몰고 그렇게 설득해 나가는 건 또 어떻고? 하여 끝내 모두가 환호하진 않아도 소리 없는아니 어떨 때는 미치도록 웃고 울고 난리도 치면서 지지와 환호에 눈시울 적실 만큼의 울림과 흔들림으로 언제라도 요동치는 날도 있으면 그걸 그렇게 세팅한 막후의 힘과 구상을 모조리 총칭하여 '정치'라 부른다는 걸 꼭 꼬집어 얘기해야만 알까.

따지고 보면 세상에 '정치' 아닌 행위는 하나도 없다. 그렇다고 모두가 자신을 '정치인아니면 '정치적 인간''이라 부르지도 못할 희한한 역설조차 핏대 올려 광고할 일은 아니다.

누구든, 언제 어디서든 '정치'가 가능하고 '정치화'의 도모 또한 어려운 일이 아니라면 지상에 존재하는 온갖 장르들의 '정치적 작업a Political Work'도 들여다 보아야 할 충분한 까닭을 갖는다. 정치학이라는 원시의 영역을 애용하게 된 인문학의 사정도 그래서 찬찬히 천착해 볼 일이다.[1]

'정치와 만화' 하면 금세 떠오르는 생각이야 물론 '시사만화'나 '정치만화'일 터이다. 그것이 엄연한 만화 장르로 뿌리를 내려 일상의 삶을 풍자하고 권력의 허구를 조롱하는 도구가 된 것이야 어제 오늘의 일이 아니니 말이다. 이는 만화연구에서도 중요한 축을 이루며 하루라도 빠질 수 없는 대중매체의 한 공간을 역사로 허여받은 지 오래다.[2] 시사만화의 발전이 정치발전 수준이나 민주주의 시행 정도와 일정한 상관관계가 있음도 만화정치학 연구에서는 얼마든지 세워볼 수 있는 가설이다. 그것은 곧 표현 수위와 창작 강도가 수용자혹은 독해자의 의식수준이나 해당 국가의 정치환경과 밀접하게 맞물리는 것으로 헤아려 볼 일이기도 하다. 게다가 만화의 비판과 창조적 공격이 정치에 얼마나 많은 자극을 가하는지와 관계되기도 했다.

정치문화와 의식수준의 향상이 강도 높은 규범과 여론의 권력 감시를 필요로 하듯, 지식의 건전한 공격이 권력을 긴장시키고 만화의 예리한 비판이 정치적 권위구조 전체를 건설적으로 위축시키는 일도 여기서 얼마든지 생각해 볼 수 있다.[3] 우리의 경우 길지 않은 만화의 역사 속에서 만화 자체가 지니는 정치적 파급효과와는 별도로 만화진영의 정치적 공격과 그에 따른 현실 정치의 긴장이 시기별로 어떻게 달리 도모되고 있는지 헤아리는 일은 쉽지 않을 것이다.[4] 그것은 도무지 학문과 예술을 두려워하지 않던 이 나라 권력의 오만과 편견부터 제대로 들여다 보는 일이기 때문이다.

권력의 핵심을 압도하는 탐욕과 이를 감싸고 도는 크고 작은 욕망의 사슬들을 끊는 데 만화라는 칼은 사실상 '언론'이라는 또 다른 무기와 공조하지 않을 수 없는 한계를 안는다. 만화 장르의 정치적 자율성 신장과 관계없이 이를 대하는 권력의 근본 자세는 만화 콘텐츠 확산이 미칠 사회적 효과가 어떤 정치적 이익을 되돌려 줄 것인지와 관련, 자연스레 방어와 역공의 관계를 만들어갈 수밖에 없었다. 더욱이 만화가 언론이란 방호벽에 기대어 메시지 형식을 달리하며 권력을 향한 공세와 풍자의 화살을 준비하려 들 때, 둘 사이에 긴장의 그늘이 드리워지는 건 피할 수 없는 노릇이었다.

아예 정치만화라는 독립 장르가 진작부터 둥지를 틀어 문예적 기염을 토해내는 형국이었다면 얘긴 또 달랐을 것이다. 하기야 논자에 따라서는 이 땅에도 '정치만화'가 있었다고 기정화하는 경우가 있긴 있다.[5] 장르만화 자체에 관한 풍요로운 창작과 그에 따른 개념 정립도 문제겠지만, '한국만화'라는 옷장 전체에서 그들 사이의 차별적 서랍과 독자적

칸막이를 어떻게 나누고 다시 조화롭게 어우러지도록 명료한 체계를 갖출지는 늘 고민해야 할 과제일 것이다.[6]

하지만 막상 정치만화가 무엇인지 명확한 정의를 내리기 전에 장르만화를 말하는 것은 성급한 일일 터이다. 나아가 이 개념을 암암리에 시사만화와 동격으로 수용하거나 양자의 경계를 무의식적으로 녹여 없애는 일 역시 유의해야 할 것이다. '정치만화'와 '시사만화'는 같지 않은 의미와 표현의 지향점을 갖고 있고, 말하려는 메시지와 매체 전달과정에서 수용자의 감각적 인지체계나 독해 이후의 행태변화에서도 각기 다른 내용을 함축하기 때문이다.[7]

무엇보다 유념해야 할 일은 하지만 따로 있다. 그것은 장르로서의 정치만화와 만화 일반의 '정치성'을 혼동하지 말아야 한다는 점이다. 정치만화는 만화의 주제를 정치로 잡는다는 뜻에서 도드라진다. 그러나 모든 만화는 일정한 정치성을 갖는다는 점에서 이들 양자를 가르는 차이가 뒤섞여져선 안 된다. 이를 토대로 몇 가지 가설을 세워보기로 한다. 그리고 그에 뒤따르는 여러 생각의 덩어리들을 파헤쳐 보자.

1. 모든 만화는 정치적이다. 이때 '정치적'이라 함은 만화작가가 의도하는 목적을 실현하기 위한 일체의 드로잉과 제작의 실질적 이유 혹은 작업의 핑계로 수식

될 수 있을 것이다. 흥미의 유발이 행복의 궁극을 이끌고 갈 최종 수단은 아니라 해도 당장 즐겁고 쪽수를 넘길수록 더욱 행복해질 것이란 예감에 물들 때 독자를 이끄는 작가의 생각은 의도적이든 그렇지 않든 정치화된 결과물로 볼 수밖에 없다.

2. 그것은 독선과 아집으로 뭉쳐진 '데마고그Demagogue' 들의 선동이나 일상의 직업 정치현장에서 때때로 행해지는 변명과는 근본적으로 다르다. 대신 그것은 즉발적 정치성으로 뭉쳐진다. 그러니까 배반을 떡 먹듯 되풀이하는 인간惡黨들은 넘보지 못할 실력과 가시적 결과물로 감각의 극한을 건드리고 감동의 실체를 경험하게 해준다는 점에서 만화는 현실정치의 허구성을 초월한다.

3. 만화의 정치성이 극대화되는 순간은 드로잉의 결과가 현실의 시 · 공간을 넘어 실재계를 반영하는 상상의 텃밭이 되거나 모종의 미술적 환영幻影이 삶의 지탱을 재촉하고 견인하는 효과적 수단으로 채택될 때이다. 여기서 만화의 정치성은 타자의 눈으로도 지각할 수 있는 구체적 형상으로 다가오지 않는다. 오로지 독자의 주관적 감각과 찰나적 판단으로 부각되는 행복의 인지도구로 의미를 더할 뿐이다. 독자의 행복을 보장 · 견인하는 수단적 의미로 만화의 정치성은

윤곽을 드러낸다는 얘기다.

4. '사회를 위한 가치의 권위적 배분'이라고 이스턴이 규정한 정치의 의미는 만화에도 고스란히 적용된다. 작가의 정치성은 본인의 동의나 구체적 인정 여부를 떠나 이미 기정화된 사안이었다. 만화가 시대의 장르로 정착된 것도 따지고 보면 이같은 역할의 정치성 때문이었다. 즉발적 행복의 확산과 지속적인 대중의 기대가 어제보다는 내일을 기다리게 만드는 가시적 모멘트가 될 때 만화의 선과 면과 명암의 정치성은 한층 고조되고 있었다.

행복추구 본능을 헌법석 기본권이나 단순한 긍정적 가치로 치부하지 않고 구체적 근거와 객관적 정황으로 얘기할라치면 물론 곤란할 것이다. 그러나 따져보자. 대관절 눈으로 보아 즐겁고 읽어서 더욱 들뜨며 눈 닫을 때 다음이 기다려진다면—딴 사연 아무리 많다 한들—이것만으로도 삶은 달콤한 게 아닐까. 뭐 새삼스레 만화 예찬이냐고? 그런 줄 알고 있었다면 만화에 관한, 아니 최소한 그를 향한 분석의 촉각은 곧추세워야 했던 게 아닐까.

만화진영 내부의 논쟁과 해부를 떠나 밖에서도 보이는 안의 공허에 관한 논의는 활발할 필요가 있었다. 하기야 너와 나의 구분이 유난히 철저하고 남들이 자기 얘기하는 것

지독히도 싫어하며 소관 경계에 남달리 집착하는 우리네 정서로는 만화 얘기도 작가들의 몫일 뿐이었다. 애당초 학제간 연구와 공동 접근이란 것도 거창한 현학적 핑계였을 뿐, 지식사회의 절박한 담론 계기로 작동하긴 힘들었다. 무슨 문외의 진영이 함부로 문안을 엿본단 말인가?

모든 일에 이론적 논거가 필요하다면 만화담론 또한 만화이론에 기초한 접근과 반론 수립이 순서일 터이다. 그러나 이론 이전에 주관과 비판을 누구든 제기할 수 있고 공감과 반대의 흐름을 형성할 수 있는 게 이미 정치화된 인간 사회의 현상이고 보면 '전문'과 '비전문'의 잣대만으로 논의를 원천 부정하는 건 바람직스럽지 않을 것이다. 특히 정치이론을 접하지 않고도 정치적 견해를 피력할 수 있듯 '무관심'과 '비전문'을 핑계로 되레 정치과잉을 질타하는 것은 논의의 열기를 분산시키는 일이다.

아무나 만화를 분석해서는 아니 되겠으나 그렇다고 오늘의 만화를 작가와 독자영역으로 나누어 상호 존중과 입지의 고결성만 부르짖을 수도 없는 노릇이다. 그것은 무엇보다 성실한 열독자들이 내지르는 자발적 환호와 신작을 기대하는 대기자들의 입장만 보더라도 바로 답해야 할 중요한 문제다. 하지만 만화의 창작진영이 자신들의 활동을 지나치게 의식, 외부에서 어떻게 수용할 것인지부터 미리 염려할 필요는 없을 것이다. 무엇보다 문예비평물론 만화비평까지 포함하여 일반에서 완벽한 고립과 독존이란 불가능하다는 사실을 감안할 때, 만화를 비롯한 전 장르의 사회적 교류는 철저한 상대성을 전제로 하기 때문이다.

연구현장에서도 주제와 전공의 독점은 용납하기 힘들다. 다만 관심의 부피와 학문적 교호의 흐름만이 차별성을 드러낼 따름이다. 어느 분야든 학제간 접근과 주변 학문의 공동 탐구가 유난히 인색한 이 땅에서 만화에 관한 열띤 논의는 그래서 흔치 않았다. 연구가 희소했던 만큼 특정 학문 분야의 만화 접근 역시 기이하리만치 귀하고 흥미로웠던 게 사실이다.[8] 하물며 저 딱딱하고 근엄하기 그지없는 정치학에서까지랴.

어쨌든 '만화의 정치성the politicity of comic'과 '정치만화a political comic' 개념은 이 대목에서 분명히 가를 필요가 있다. 아울러 그 뜻도 명료히 해두자. 어떤 만화든 작가가 의도하고 전달하려는 메시지가 독자에게 가 닿고 나아가 읽고 보는 이들의 행동마저 암암리에 바꿀 실천적 저력까지 담보한다면 '정치성'이란 결코 어려운 말이 아니며, 미리 겁먹을 일도 아니라는 데 주목해야 한다.

모든 만화가 정치적 성격을 공유한다면 정치만화는 한층 더 정치적인 속성을 드러낼 것이다. 그러니까 '모든 만화는 정치적이며 정치만화는 더욱 정치적이다'란 가설도 한층 적실성을 가질 것이다. 이 말은 결국 인간의 정치의식을 개조 · 변형 · 교화할 수 있는 다양한 미디어 가운데 만화 역량은 결코 작지 않으며, 그 사회 · 문화적 책임 역시 중요하다는 사실을 잘 반증한다. 극단적으로 말해 만화 콘텐츠는 작가가 사회로부터 요청받은 정치적 메시지나 시대적 요구의 '여과'였든지 아니면 그 철저한 외면의 '결과'로 이해할 필요가 있을 것이다. 즉, 침묵도 정치적 선택 결과이며 노골적 함성과 절규 역시 원색의 정치력을 발산하는 행위임을 여기서 인정하지 않을 수 없게 된다.

만화가 어린이들만의 독점대상이 아니며 문예적 책임성 또한 막중하다는 사실을 아무리 자주 강조해도 지나치지 않는 것은 바로 이 때문이다. 따라서 극단적 세속성이나 폭력 · 외설 · 음란을 핑계삼은 반교육적 매체로 만화의 부정적 혐의를 항구화하려는 것은 논의의 본질을 피해가려는 일 이외에 다름 아니다. 만화가 정치적이란 사실은 곧 만화가 지니는 암묵적 흥미유발 요인뿐만 아니라 직설적 통쾌감이나 대안의 공격매체로 욕설과 감각의 배설을 뛰어넘는 문화적 도구기능을 분명히 말해준다.[9]

흔히 공격과 비판을 일상화하다 보면 정작 그 대상에 관한 천착은 유예되는 경우가 흔하다. 만화의 경우도 마찬가지다. 앞서 지적해둔 기왕의 만화 경시와 홀대의 문화 위에 그것이 미칠 반사회적 · 반교육적 폐해까지 얹어 아예 버겁도록 두터워진 편견의 부피를 깨버리지 않는다면 얘긴 곤란해진다. 그렇다면 만화는 매니아들의 편식 메뉴로 고착되든지 아니면 선도적 감각 소유자들의 창작물 정도로만 지탱해야 할 일이다. 만화를 둘러싼 대표적 편견의 하나가 청소년 '유해매체'란 고정적 이미지였다. 감각적 탐닉의 오브제이자 순간적 몰입 도구로 만화 유통과 독파 문화를 공박하는 세상의 선입견 역시 그 주변부를 맴돌고 있었다.

대표적인 공박의 핑계인즉슨 섹스와 폭력이었다. 세상이 이를 두고 욕하거나 빈정거린 게 어디 하루 이틀이었는가. 기성의 권위 역시 숨어서 즐기고 나서서는 찡그리는 이중 표상이 된지도 퍽 오래된 일이다. 문학 · 영화 · 미술 등에서 성적 표현과 물리적 폭력의 일방 세례를 둘러싸고 벌어진 한계 설정도 이미 식상할 대로 식상해진 일이다. 유난스런 도덕적 염려와 이를 감쌀 만한 정책의 외피를 무슨 철갑처럼 무장한 당국은 다른 허물은 몰라도 이것만큼은 준엄한 가치관과 윤리의 잣대로 재단하려는 자세를 늘 잃지 않는다.

'그것들'을 민감하게 보고 받아들일 것이라는 성인세대의 위선은 차치해두자. 그렇더라도 항상적 우려와 통제대상으로 미성년 집단을 향한 성년권력의 엄정한 '경계선 긋기demarcation'는 수많은 연구와 정책 보고들을 통해 당국의 기형적 도덕률을 엄호하는 좋은 빌미가 되고 있었다. 섹스 행위의 전달매체로 만화와 영화의 통제, 검열수위의 상승과

하강을 둘러싼 사회적 담론구성, 최종 심급으로 국가의 성 통제능력 강화, 미성년의 미디어 노출과 음란성 · 폭력성 확산 방지를 위한 사법제도 구비, 매체 규제와 사법제재의 극한, … .

미디어를 핑계 삼은 국가의 성 통제전략은 지금도 '진행형'이다. 그것이 완료시제를 구가할 수 없는 이치야 세상이 이미 다 알고 있는 터다. 그래서 법과 권력이 필요하고 통제와 단속의 문법이 요긴한 것 아닐까. 게다가 그 까닭조차 끝내는 국가가 있어야 할 이유와 절묘하게 통했던 사단을 어찌 논리로만 이야기할 수 있을까. 자신은 한껏 욕해대고 스스로는 은밀한 성적 탐닉주체가 될망정 세상 밖으로는 엄숙주의의 탈을 쓰고 본능을 호도해야 하는 이치도 무진장 오래된 허구의 하나였던 셈이다. 뿐만 아니라 역사의 면피수단 치고는 너무나 가볍고 효율적이지 않았을까.

물론 폭력과 섹스 행위의 작품 속 인입引入은 항구적 예찬대상이 될 수 없을 것이다. 스토리 전개에 따라 두 요소는 전략이자 장치일 수 있고, 경우에 따라서는 그 자체가 목적이자 궁극의 표현수단으로 달리 평가 · 수용될 수밖에 없다. 표현수위와 내용도 막상 미디어 수용자독자들에게 어떻게 다가가는지 삽입 빈도와 콘텐츠 수준에 따라 편차가 불가피할 것이다. 빈번하면 빈번한 대로 간헐적이면 또 그에 맞게 감각적 행복쾌락의 인지 부피도 달라질 것이란 얘기다.

저 많고 많은 관변 연구결과들과 형형색색의 진지한 접근에도 불구하고 '현장'은 그네들 바람대로 돌아가 주지 않았나. 지식이 추적하는 현실이란 본시 아득했고 또 버겁도록 앞지르고 있었다. 지성의 이름으로 자행되는 만화의 성정치적 해부나 결론이란 차라리 어떤 탐닉도 존재하지 않고 무색 · 무취의 조건이 지배하는 모범적 이야기 구조로만 지면이 할애되는 상황이었을 것이다. 아니면 적절한 타락이 세상의 성적 면역력을 한층 북돋우되 그렇다고 본능의 극단적 과잉이 통제와 단속의 문법까지 요구하지는 않는 모습도 그려볼 수 있는 터였다. 카오스 직전의 난잡을 이른바 권력의 정화 기제로 다잡을 것이란 기대도 꼭 직접화법으로 표현할 일은 아니었다.

이 땅의 지식과 행정권력이 만화의 황색화를 염려[10]하는 사이에도 작가들은 영토 확장과 강호의 제패를 꿈꾸고 있었다. 그 할거방식은 시장질서의 재구성이나 공동 작업을 통한 독자의 계도보다 자신의 대표작을 중심으로 인기와 반응을 고려하며 퍼져나갈 자기 파문의 꼭지점 위에서 미래를 꿈꾸는 것이었다. 그리고 견제와 흥행성을 먼저 의식하는 일이었다. 영상 미디어의 시장 분화에서 중심과 아류의 무한복제도 얼마든지 가능했다.

창작의 과열은 청소년들의 눈과 의식까지 염두에 둘 여유가 없었다. 앞뒤 따지고 위아래 다 고려하여 고상한 예술

지평을 아예 널찍하게 잡고 시작할 장르가 만화는 아니었던 셈이다. 예술을 의식하든 안 하든 만화 역시 대중성 강화와 친밀도 제고를 위해 흡인과 과장의 전략을 무릅쓸 수밖에 없었다는 현실 특성과 그것은 깊은 관계가 있다. 바로 이 대목에서 만화의 장르 분화와 내용 변화를 주목하게 된다. 무엇보다 세상의 모든 고통과 번민의 소용돌이에 올라탄 어른들 역시 위로받아야 할 민중의 한 덩어리였음을 이 땅의 문화사는 고스란히 반증해 준다. 하지만 술도 음악도 달래주지 못할 마음 속 외진 빈터를 헤집고 들어갈 위로의 수단이 실은 가까이 있다는 걸 알게 된 것도 그리 오래 전 일은 아니다.

이 땅에 '성인만화'란 장르가 언제 출현했는지는 불분명하다. 언제 누가 추동하여 본격적으로 퍼져나갔는지[11]는 만화사의 연구대상이지만 이제 성인만화를 어떻게 받아들이고 또 새로운 논란의 불씨를 지필지는 독자와 작가 모두 피할 수 없는 주제다. 그것은 대중의 장르가 학문과 예술의 고답高踏에 밀려 막상 공허한 담론 주제로 전락해 버리는 잘못을 피하기 위해서라도 경계해야 한다. 세속의 덫과 인기의 함정에 빠져 온갖 지탄과 공격에 누더기가 되어버린 성인만화의 위상도 이제 다시 자리 잡아야 할 판이다.

만화의 예술성이나 사회성 복원은 논외로 하더라도 성인만화를 포함한 성인문화 일체의 정돈도 이참에 생각해 볼 일이다. 성인 오락장, 성인 PC방, 성인 휴게실 등 어른들의 전용 공간으로 분화 · 확장된 세상 곳곳의 땅들이야 무슨 죄가 있으랴. 구태여 '성인'을 접두어로 달아 미성년과 차별을 도모하려 했던 그간의 이중성도 문제려니와 교육목적상 스스로를 격리시키고도 자기도덕률에 충실하지 못했던 무능도 역시 따지자면 끝없이 답답한 노릇이다.

성인[12]들이 굳이 '성인'이라 토 달고 자신들의 향유공간이나 준독점적 미디어들을 만들어낼 수 있었던 힘은 곧 권력으로 변해간다. 그것은 상황의 악화를 우려한 정치권력의 판단과 질서를 핑계 삼은 행정권력의 계산이 결합한 결과였다. 그리고 '간행윤리'라는 그럴 듯한 국가 명분과 검열기준에 맞춰 말 잘 듣는 미디어 콘텐츠가 양산되도록 더욱 큰 힘의 위압이 빚어낸 가설의 간판으로 이해할 수도 있었다.

그러나 그건 언제 무너질지 모를 불안한 세트이자 연약한 건조물이었다. 오히려 적절히 기만당해 주길 바라고 있던 밤무대 프로그램 기획자들의 그것처럼 '성인'의 라벨은 어느덧 필수의 위안 도구로 커가고 있었다. 그리하여 이미 걷잡지 못할 만큼 과잉 성장한 대중문화의 상징처럼 스스로를 분열시키고 있었다. 자신들의 욕망이 탄로날까 애면글면하면서도 너희들은 '가까이 오지 말라', 아니 '가까이 다가서면 안 된다'는 지엄한 경고문구로 세상을 향해 호령하고 있었다. 언제부턴가 내지른 함성은 지금이라고 줄어들 리 없다. 세상 곳곳을 지배 · 분할하는 연령 코드이자 도덕적 자기 절제와 관계없는 연륜의 경계선 '⑲'는 또 하나의 권력이 되고 있었다. 국토 분단과 이데올로기의 단절과는 다른 힘의 분할선으로 미성년들 모두에게 '⑲'는 천국의 문이었다. 어른들에겐 방종과 탐닉의 제국 출입증으로 자리 잡은 저 기형의 코드가 온 나라에 퍼진 지도 그리 오래 전 일은 아니다. 징그럽도록 위세 부리던 유교의 칼날과는 다른.

외롭고 괴로운 자아로부터 일탈한다는 것도 뼛속 깊이 파고든 허무처럼 아무 데서나 들켜버릴 일상적 호사豪奢가 된지는 꽤 되지 않았는가. 기껏해야 한줌의 모래로 면피의 커튼을 만들고 숨어봤자 몸뚱이 하나 가릴 추녀 끝 정도 꾸미는 일조차 힘 빠지는 일임을 기막히게 잘 알면서도 멋진 신세계로 도망치듯 떠나버리려 꿈은 또 왜 그리 자주 꾸어댔는지. 정말이지 그 전말을 캐내기란 말처럼 쉬운 일이 아니다.

철학과 음악도 저 어쩌지 못할 '외로움' 때문에 홀로 깊어지다 만난 숲속의 빈터였고 문학과 미술도 그놈의 '쓸쓸함' 때문에 빚어진 숭고한 극복의 결과였다면 그건 지나친 표현일까. 그럼 만화는? 앞서 물었듯, 그건 그저 만만하고 손쉬운 장르이기에 보다 말다 해도 무방하였던 세상의 작은 내용물이었는가. 이쯤에서 다시 생각을 좁혀보자. 어른들이 만들고 어른들이 망가뜨린 성인문화 중심과 주변 어느 곳에 만화가 존재하든 성인만화가 이 땅에서 고스란히 맞아내야 했던 온갖 편견의 화살을 뽑아내려면 인식의 정돈은 필요하다.

주변의 성인문화가 온갖 비난과 세상의 편견을 견뎌낸다 한들, 성인만화 자체가 더 독한 편견과 홀대의 늪 주변을 헤매는 형국일진대 대관절 무엇이 그르고 그렇지 않은지 변별해내는 일은 중요할 수밖에 없지 않겠는가. 누군들 편하고 쾌적하게만 세상사 치러내겠는가. 그러나 아무도 쉽게 완주完走하지 못할 '그 길'을 혹독하고 치열하게 내디뎌도 먼지 · 바람 · 돌팔매로 삶의 도저到底함을 맞바꾸는 현실이란 억울한 일 아닐까.

성인만화가 부딪친 왜곡된 현실과 넘치는 작품의 봇물 속에서 분간해내야 할 일들은 이제 뭘까. 저 많은 작가들의 정치적 저의는 또 무엇으로 어떻게 윤곽을 헤아려야 할까. 무엇이 성인만화를 이끄는 문화의 정수이며 그를 통해 읽어야 할 생각의 핵은 뭘까.

1. 성인문화와 성인만화의 관계는 어감의 유사성만큼이나 가깝다. 물론 문화라는 막연한 개념이 만화라는 구체적 대상을 아우르는 넓은 그릇이라면 양자를 따로 떼어볼 수 없다. 물방울이 모여 강물을 이룬다면 둘 사이가 멀다고 잡아뗄 까닭도 없다.
2. 술로 달래고 노래로 위로하는 성인 남녀의 감상感傷이야 극히 개인적인 사단들이라 할지라도 집단이 탐

닉하고 전체가 거쳐가는 감각적 통과의례로 어른들의 문화적 달램은 단순히 지나칠 일이 아니었다. 특히 감각적 자위에 관한 국가 개입은 늘 성년 · 미성년 가리지 않고 탐닉 주체들과 긴장관계를 조성하곤 했던 게 사실이다. 그것은 만화와 문화와는 또 다른 '탐닉'이나 '통제'라는 정치적 마찰로 가시화되거나 항구적 '도피'와 '감시'로 발전, 잠정적 대결구도를 만들어 가고 있었다.

3. 성인들의 감각적 향유가 국가 안에서 극한을 치닫도록 허여할 권력은 어느 정권에도 없었다. 성인 유권자들의 타락과 탈법은 사실상 권력이 '바라던 바'였을지 모른다. 있는 법을 강하게 쓰고 개입과 통제 명분을 한층 두텁게 쌓는 일이야말로 권력의 궁극적 존재이유와 맞닿는 일이었기 때문이다. 문제는 윤리적 무한 자제란 것이 본시 불가능하다는 데 있었다. 권력의 계도와 법의 단죄를 진작부터 피하고 본능과 감각의 주문조차 이성의 적정치를 항시 담보할 수 있는 땅이 '여기'였다면 애당초 국가란 존재할 이유조차 없었을 것이다.

4. 그러나 성인과 미성년을 가르는 연령 장벽과 접근 불가의 문화적 성역을 강고히 하는 것만이 국가의 기강과 시장질서의 기본을 다잡는 유일 방책은 아니었다.

국가는 장벽의 건설과 감시의 당사자였을 뿐 시장질서의 교란을 책임지거나 그 질곡의 현장을 관리 · 성화할 궁극의 주체는 아니었다. 일탈과 무질서를 통제하려는 권력의 폭력성, 즉 칼날의 과시는 국가와 정부의 본령이었다. 성인문화의 왜곡과 황색화의 단서는 따라서 당사자의 몫이었고, 그에 따른 사법적 대가 역시 '그들'이 치러야 할 업보였다.

5. 성인만화가 독한 오해와 편견에 갇혀버린 결정적 계기도 이같은 창작진영 내부의 악화惡貨와 망연한 국가 개입 명분을 업으로 쌓아두었던 탓이다. 더 큰 문제는 비판 표적인 소수자 덕분에 문화의 구성분 일부가 원천적으로 매도당하고 자존심마저 꺾어야 할 위기가 겹쳐 일어나는 현실 속에 있었다. 그러나 성인만화가 곧 해악이자 타락이며 무질서와 방종의 촉발도구쯤으로 동일시되는 세상의 편견은 진작 막아야 했다.

6. 성인만화를 둘러싼 이 땅의 파시즘이 그 매도罵倒의 폭력성을 버리지 않는 한, 기왕의 편견과 독선은 사라지기 힘들 것이다. 만화는 결코 성인과 미성년이 가려 수용해야 할 선택적 장르가 아니었다. 순수와 열정으로 버무려지는 장르가 유독 만화뿐이라 한다면 그건 독선일 것이다. 하지만 순수가 지나쳐 폭력이 되

고 열정이 흘러넘쳐 남녀의 속살이 드러날 때, 만화 작가의 눈과 손이 특히 예민했다는 사실을 들어 그들 모두를 반도덕적 혐의로 몰려 함은 더한 독선이었다. 단지 폭력과 섹스가 묘사되고 있다는 이유만으로 성인만화를 공격 · 비판하는 행위는 물론 그보다 더 큰 문제의 원인이 된다.

성인만화를 곧 성과 폭력그걸 아예 합하여 '성폭력'이라 부르든 이 난무하는 무풍無風의 미디어로 이해하거나 그에 준하는 부정적 상징물로 받아들이는 건 큰 잘못이다. 그처럼 생각하게 할 당초의 빌미가 있었다 해도 부분으로 전체를 비난하는 것은 인정범위를 지나치게 넘어서는 일이다. 생각해 보라. 지상의 온갖 매체들 가운데 이다지도 친민중적이며 인간적 면모를 일깨워 준 적이 일찍이 있었는지를.

만화는 누구에게나 열려 있는 매체였다. 하지만 그것은 곧 문화적 홀대와 권력의 손쉬운 통제대상이었다. '어렵지 않다'는 매체적 특성은 곧바로 무시와 경박대상으로 각인되기에 이른다. 같은 과오도 만화의 경우, 단죄와 공격 강도가 배가되고 면피와 그 극복 경로 역시 넓지 않았음을 우리는 이제야 제대로 회고해 보는 게 아닐까.

만화의 대중성이란 것도 사실상 인기와 환호가 뒷받침하는 무대 밖 갈채가 있어야만 돋보일 일이었다. 그렇지 않고서야 한낱 상식과 일상에 파묻혀 같이 부대끼다 말 영향력일 뿐, 진정한 두려움의 계기로 작동할 수는 없었다. '안온하다는 것'과 '두렵다혹은 畏敬스럽다는 것'은 그러니까 서로 상관없는 요소였고, 합쳐지거나 녹아들 만한 일도 애당초 아니었던 셈이다.[13] 만화의 대중성이 인기와 환호를 먹고 자랄 기미를 보이지 않아도 그 정치성만큼은 변함없이 발휘·배양하며 세상의 변화를 소리 없이 추동해 가고 있음을 어찌 부인할 수 있으리.

드로잉으로 감동시키고 말로써 즐겁게 하며 나아가 행동의 암시마저 담보하는 문화 미디어로 불특정 세인들의 애정을 독점하기로는 그래서 만화가 으뜸 아니었던가. 누가 먼저 발동하였든 어른들이 갖고 놀 장난감 하나 마뜩치 않던 이 척박한 강호에 혜성처럼 등장한 성인만화에까지 이르러서야 무슨 말이 더 필요할까. 상처받고 비틀거리는 영혼이나 아니면 허허롭고 오갈 데 없는 군상들이나 머리 다 큰 어른들이 어느 곳엔들 한 순간 위로라도 받자고 기갈난 여행자마냥 허겁지겁 덤벼들 일이야 있었겠는가. 하물며 성인들이 즐기고 성인들이 만들고 성인들이 유통하려 했던, 그래서 이제는 문화와 역사가 되어버린 성인만화의 '밝힘'도 딱 부러질 동기 있어 그렇게 한 일이 아니었음은 '상식'으로 통하는 일 아닐까.

대단한 성과와 투자한 만큼의 이윤이 감동적으로 되돌

아올 사단 또한 아니었다. 언제 만화가 보는 이들이게 가없는 행복과 더도 덜도 아닌 액면가치를 흐르고 넘치도록 보상해 준 적 있었단 말인가. 만화의 행렬에 고단한 육신 잠시 기대고 혹여 감각의 돌파구와 무의식의 이완이나마 도모할 수 있으려나 어쩌자고 기웃거렸더란 말인가. 엄격한 경제적 선택도 그렇다고 행위와 투자에 따르는 상응의 보상이 즉시 보장되는 합리적 선택 또한 아니었다. 단지 그 자체로 즐기고 순간의 행복을 감지할 기쁨으로 제 스스로 묶어버릴 아량도 아지랑이처럼 샘솟는 이치였다.

짧아도 격정적이고 순간이어도 즐겁기만 한 저 대단한 정치력 발동은 실상 만화장르가 동원하는 여러 매력들 가운데 극히 일부였다. 성인만화가 추동해내는 매력과 값어치도 물론 일원화할 수 없는 다중성을 품는다. '그것' 만이 확보하고 있고 또 '그것' 이라야만 만화로서의 얼개와 숨통을 트는 그런 속성의 의지처로서. 하지만 어디 몇 마디 찬사와 덕담 정도로 작가의 진정성과 만화지평의 온전한 복원이 이루어질 일이겠는가. 하물며 세상의 편견과 삿된 돌팔매에 멍들고 상처 난 저 숱한 자국들까지 글 몇 줄로 어찌 다 어루만질 수 있으랴.

즐길 것 다 즐기고 훔쳐볼 것 다 본 다음에도 일상으로 되돌아가는 데 익숙한 사람들 앞에, 아니 어쩌다 후미진 방구석에서 제목조차 기억 못 하며 탐독했던 만화의 겉껍질에도 그들의 쓸쓸함은 진하게 묻어 있다. 문제는 현장을 떠난 그들 뇌리에 어떤 시간의 앙금들이 남아 있는가 하는 점이다. 성인만화 독자들 모두의 의식 속에 정작 작품들은 어떻게 각인되고 있는지 말이다. 통계를 의식할 필요조차 없이 어른들의 만화가 정작 어른들을 행복하게 해주었는지부터 익명의 독자들의 감각적 동의가 진정 세상을 밝게 만들었는지까지.

읽고 보며 즐겼던 '것들'이 허무한 공격과 메마른 비판의 부메랑으로 고스란히 되돌아 간다면 그건 무엇보다 먼저 바로잡아야 했다. 게다가 작가의 원초적 진의란 최대한 그 자신이 이해하는 바에 가까워야 할 일이었다. 만화적 의도와 작가적 상상이 사회적 해악을 재촉하거나 공허한 관념의 유희로 세상을 농락할 일이 아니었다면 이는 진작부터 필요한 게 아니었을까. 따지고 보면 공부 안 하고 '노는 아이들'보다 '만화나 보면서' 자기 임무에 태만한 경우를 더욱 미워했던 것이, 아니 까닭 없이 그들을 공격했던 건 세상의 왜곡된 문화심리치곤 큰 게 아니었을까. 그리하여 축구공 차고 등산하며 건강 증진시키는 건 몰라도 애 · 어른 할 것 없이 방바닥 뒹굴거나 켜로 쌓아놓은 시리즈물 더미 곁에서 일로 매진하는 가족들 쳐다보기란 괴로운 일 아니었냐는 얘기다.

'성인만화' 하면 떠오르는 우선의 편견은 뭘까. 색깔로 먼저 다가오는 건 분홍, 빨강 아니면 진노랑? '성인용'이란 개념은 이미 음험한 상징과 후미진 뒷골목의 이미지를 품는다. 차라리 장황하니 늘려보자. '밝음' 보다 '어두움', '단조' 보다 '변조', '대낮' 보다 '한밤', '흑백' 보다 '원색', '평화' 보다 '전쟁', '우정' 보다 '섹스', '꿈' 과 '희망' 보다 '착취' 와 '폭력', '희생' 과 '봉사' 보다 '유린' 과 '배반.'

'부정不正' 의 미디어이자 장르 속 장르를 반영하는 조야한 깃발만이 그 중심과 주변에서 펄럭이고 있다면 그건 지나친 단순화일까. 그러나 어쩌랴. 그게 사실이고 현실인 것을. 빨간 딱지와 옐로우 미디어로 통용되는 성인물 유통이 사회적 수요의 엄연한 대응이라 두둔하든, 아니면 지상에서 사라져야 할 최악의 쓰레기라고 매도하든, 이들은 남성 위주로 편성된 이 나라 성인문화의 첨병중 하나가 된지 오래다. 그리고 이미 세상 속 깊이 파고든 문화의 한 지류이자 때로 사람들의 시지각과 감각의 공백을 메우는 도구로 작동한다.

본다고 떠벌릴 필요도 없겠으나 구태여 가리고 숨길 일도 아닌 게 어른들의 만화읽기다. 하지만 이는 허락받지 않은 일탈이거나 언젠가 탐닉의 대가를 치러야 할 처사인 양 두리번거리게 만들었다. 만화 '보고 있는' 자신을 누군가 '보지 않고' 있다는 확신이 설 때 탐독과 집착은 배가되었다. 게다가 의도치 않은 탐조의 불빛과 세상의 이목이 스쳐 지날 때 독자들의 처연한 자기 은폐 행렬은 불투명하게 이어지고 있었다.

하필이면 육욕과 색정에 눈먼 이들이 벌이는 '살Flesh'들의 충돌이라니. 뿐만 아니라 욕설과 주먹이 난무하는 원색적 폭력의 반복까지 한 대목 빠짐 없이 밝히는 일마저 피하진 말자. 사람들은 그런데 왜 섹스와 폭력에 집착하는 걸까. 호랑이보다 무서운 게 남의 눈이라는 걸 의식해서였을까. 하여 남들 보지 않을 때 한없이 걸신들려 있다가도 타인의 일탈과 욕정에는 더없이 엄혹한 공격에다 탄식 섞은 염증까지 반복 불사하는 걸까. 도덕의 명령이야 어디 편하게 따를 일이겠는가마는 시각의 쾌락과 감각적 상상의 원인을 제공한 만화 콘텐츠마저 행복의 대가를 인정받지 못하는 건 그러나 너무하지 않을까.

생각해 보자. 눈의 행복이 감각적 상상과 미술적 단서에 의해 도모된 것이라면 작가에 대한 고마움과 작품에 투자한 열정의 비용은 진지하게 지불해야 했던 게 아닐까. 여기서도 윤리와 도덕을 찾고 사회와 교육을 최우선으로 따져야 하는 건 우스운 일 아닌가. 섹스는 선정煽情이요, 폭력은 반反사회란 등식으로 단죄의 필요성을 우선함은 말 그대로 기만이자 위선 아닐까. 그렇지 않은가.

즐거움의 추구에도 저 질긴 유교의 잣대를 들이밀고 핑계와 속내의 격차를 애써 숨기려 드는 자세는 차라리 가증이었다. 호오의 표현도 눈치를 보아야 했고 감각적 쾌락의 향유와 그 고백절차에도 예의와 범절을 우선해야 했던 예전의 문화는 어쩔 수 없었다 치자. 그랬다 해도 이중 삼중의 감각적 여과와 타자의 눈앞에서 혹독한 자기 변명의 그늘을 벗어나지 못하는 거북한 나날들은 여전히 의식의 비겁을 깨지 못한 채 삶의 주변을 떠돌고 있다.

타인의 시선으로부터 최대한 자유롭고 자신의 감각 속에서 한껏 독립적이고자 함은 분명 본능의 요구였을 터이다. 말리지도 붙잡지도 못할 팽팽한 고무줄의 '잉잉거림' 처럼 터질 듯 부풀어 오르는 작품 속 여인의 가슴을 어디 몇 번이고 뚫어져라 쳐다보자. 작가는 도무지 왜 그랬을지 상상해 가면서. 한방 더 맞으면 즉사 직전으로 영입될 초주검의 양아치도 안쓰럽지만 한사코 뜯어보도록 하자. 뭣 때문에 지은이는 당장 그 친굴 죽이지 않는지 생각해 가며.

그 모두는 곧 표현하고자 애쓴 작가들 앞에서 물리지 못할 지극한 몸부림이다. 그렇지 않고서는 살 수도 버틸 수도 없다는 절규처럼 섹슈얼 러브와 폭력이 교차 편집되는 까닭도 따로 있었을 것이다. 실은 전략이자 전술이었을망정, 만드는 이들과 읽는 이들이 한 자리에 모여 그렇게 하자고 합의보거나 서로 당부한 결과는 결코 아니었을 것이다.

밖에서 보이는 안은 생각보다 밝다. 숲속의 빈터가 숲 밖에서도 보인다는 사실은 정말이지 저 숱한 나무들 각자가 신경 쓰거나 잎새 마디마디가 고민할 일들이 아닐 것이다. 언제든 누군가 들어와 앉든 혹은 거닐어도 볼 공간이라면

'문화 독점'이란 애당초 전제주의의 유물일 뿐, 오늘을 사는 이들까지 준수해야 할 규범적 강박은 아니었다. 거기다 대중문화의 총아라는 라벨까지 덤으로 얻어놓은 상황이라면 만화문화를 만화진영만 강점한다는 것도 분명 논리의 폭력이다. 만화의 변명은 그렇다면 작가 자신보다 외풍에 의해 추동되거나 되레 또렷이 객관화되기 십상이다.

그렇다면 이제 무엇을 할 것인가. 성인만화의 체계적 변명과 논리적 진술? 그 전략의 정치적 함의와 표현 전술의 과시? 매력의 극대화와 대중적 인기 동원? 그 뇌관과 방아쇠 건드리기? 혹은 그 회로판 해부? 대표 장르의 추적과 지속적 관찰? 이 책은 여기에 관심을 갖는다. 그리고 이들 물음에 어떻게 답할지 그 길을 찾으려 한다.

부분으로 전체를 '미루어 봄'은 분명 삼가야 할 일이다. 그것은 과학이 할 짓이 아니며 논리와 체계를 빌려 뚫어 볼 터널도 아니다. 일반화와 법칙성의 도모란 것도 말처럼 쉽게 담보되는 일은 아니기 때문이다. 문화의 객관적 분석? 그것도 결국 주관주의의 함정을 피할 수 없고 문화 수용자 각자가 해결해야 할 몫으로 환원될 수밖에 없다. 하지만 모두를 설명하기 위해 모두를 품는 게 어렵다면 '하나'의 치밀한 추적은 운명처럼 다가오는 의무일 수 있다. 그래서 차라리 그것으로 전체를 비추는 것이 더 나을 수도 있다는 데 착안하게 된다. 달빛 받은 거울처럼 명징하게 되비치는 도구

하나 있어 이제라도 만화책 어느 한 대목에서 뭔가 환상처럼 튀어나온다면 그걸 붙잡지 않을 이 어디 있으리오.

성인만화가 적어도 성인들을 즐겁게 해주기 위해 등장한 '장르 속 장르' 였다는 사실은 결국 성인 남성들만을 위무하는 미디어 폭력이란 페미니즘 일반의 공격을 낳는다. 그것은 곧 비판을 위해 만화의 순기능마저 덮고 성인만화 특유의 매체적 자극을 아예 악으로 몰며 단죄하려 든다. 굳이 페미니즘 진영이 아니어도 권력 일반의 매체 공격은 이같은 논지를 자주 애용한다. 게다가 공권력의 관념적 도덕률에 업힌 성인만화 공박은 자신들의 타락과 편법을 대신 가려주고 대안의 논리개발을 위한 도피처로도 훌륭히 작동한다.

섹스와 폭력을 향한 권력의 공격, 특히 지식권력과 행정권력의 화살은 그래서 늘 탄력을 받는다. 하지만 창작을 담보하는 작가 진영은 이를 늘 발생하는 사회적 지탄쯤으로 치부한다. 그리고 이내 자기 면역효과를 키우는 과정으로 되새김한다. 하기야 문예활동 주체가 창작을 담보로 국가권력과 대치對峙, 간섭과 통제의 사슬까지 이완·해체시키기란 좀체 힘겨운 일이었다. 권력의 의도와 계획 자체를 전복시키기도 어려웠지만 그들이 시키는 대로 따르거나 그 이상 확연한 추종을 담보하기란 더더욱 쉽지 않았다.

이미 시작된 국가 통제의 사슬 속에서 창작의 지평과 표현의 한계 영역을 넓혀나가는 일은 분명 도전이자 모험이었다. 하지만 당국의 통제 의지란 것이 최소한의 사법적 공포효과를 내건 허구임을 세상이 알고 난 후부터 권력과 문화의 긴장이란 무의미했다. 두려워해 주길 바라는 권력의 의도와 달리, 지하로 온라인으로 익명의 열정을 확산시켜 나간 성인만화 작가들은 도리어 국가의 사법적 위선과 몰염치를 고발해 나가고 있었다. 그들은 능히 세상을 교란하며 세인들의 감각적 취약지대와 본능의 갈증을 한껏 충족시킬 수 있는 '뒷골목 의적들The Backstreet Bandits'로 세를 키워가고 있었다.

그들만이 표현하고 그들만이 동원·확장할 수 있는 지하 군중의 폭발력은 따로 있었다. 하지만 그건 당장 혁명으로 세상을 갈아엎거나 국가권력의 항복을 끌어낼 만한 파괴력으로 넘치지 않았다. 뜨거웠지만 혼신의 열정으로 격정의 세월을 누비는 것도 아니었다. 끈끈하고 질척거림에도 애당초 두터운 체면과 정갈한 스토리텔링은 어울리지 않았다. 에둘러 감질나게 호소하거나 익으면 떨어지는 열매처럼 다음을 분명히 예측할 수 있는 '순진무구'도 걸맞지 않기론 매일반이었다. 너무나 솔직하여 때로 역겹고 지나치도록 투박하여 아예 질리기로 성인만화만한 장르가 이 땅에 또 있을까.

이 책은 그래서 그 솔직함과 역겨움, 저 투박함과 질림의 세계에 눈 맞추려 한다. 그 가운데서도 가장 끈적이고 애절한 성적 유혹과 사랑을 빙자한 육체의 탐닉이 어떤 절차를 거쳐 만화적으로 처리되고 작품 속에서 얼마나 강한 비중을 차지하는지 헤아리기로 한다. 혹자는 '그것' 없이도 얘기가 되고 빼버려도 플롯의 전개와 이해에 전혀 문제 없다고 여전한 엄숙주의를 고집하기도 한다. 그들이 누구라며 각주 처리할 필요조차 없이 세상의 겉 얼굴은 이같은 생각의 얼개로 도배를 하고 굳이 성인만화를 읽어야 할 까닭이 어디 있는지 계몽하려 들 따름이다. 훈장처럼 달고 다니는 자존심의 편린마저 슬그머니 움켜잡고 누군들 예외일세라 자기 은폐의 보장과 본능의 확장을 무슨 핑크빛 교조처럼 깃발 휘날리는 소행도 정치적 판단치곤 금세 드러날 일들이었다.

'곁에 있으면' 당당히 읽고, '있는 줄' 몰랐더라면 이제라도 작가적 순수와 만화적 진정성에 빠져들 일이다. 하물며 '섹슈얼 러브' 라는 라벨에 놀라 뒷걸음질치지도 말 것이며, 더욱 또렷한 눈매로 작가의 저의와 동기의 정치성을 상상해 보거나 유추라도 하여볼 일이다. 하기사 구태여 성애性愛에 집착할 것이라면 소프트코어나 아니면 세상 지천으로 널려 있는 하드코어를 천착할 일이었으리라. 이따금 삽입 처리되고 법이 명령하는 절제와 표현의 여과 의무를 성실히 준수하는 성인만화 작가의 작업에 어디 매료될 일이랴.

그러나 만화는 만화만의 고유한 매력을 도저히 떨쳐내지 못한다. 그것은 난공불락의 독자층을 이미 확보했고, 주변 장르가 아무리 화려한 분화와 만개를 경험한다 한들 흔들리지 않는 독자성과 예술적 자율성을 갖는다. 동영상의 유려함이 만화의 미술직 원조성을 앞지른다 해도 만화의 텁텁한 마력과 사회적 흡인력을 따르진 못한다. 순수미술의 보수성이 공작의 날갯짓으로 주위를 물들이고 색계의 온갖 존재들을 제압할 듯 자기 고결에 버거워한들, 세상과 한결 친근한 만화는 적어도 잘난 척하지 않고 소롯이 지탱할 수 있는 저력으로 그들과 달리 튼실히 버티는 중이다.

영화의 프레임 이동이 주는 찰나의 착시나 현란한 과학적 조작은 없어도 만화의 저 소박한 감각적 교신은 영상 이미지의 충돌과 감동을 때로 훌쩍 뛰어넘는다. 문학양식과 문자매체의 특성을 차용해도 책들이 내뿜는 행간의 의미 추적과 메시지 전날의 외형적 · 물리적 방대함은 애당초 없다고 보아야 했다.

그럼에도 불구하고 그림과 그림의 유기적 연계가 드라마의 대하성을 얼마든지 웃돌고 하드코어의 질펀함과는 격이 다르게 끈끈한 것이 성인만화의 금고金庫 속 사정이었다. 원색의 본능과 입체적 교태의 대비도 능히 가능한 대중예술로 성인만화의 성애 묘사는 이미 만화세계 내부에서 부동의 자리를 확보한지 오래다. 뜨겁고 요란하여 수도 없이 스쳐지났고 와중에 음습했던 입냄새 아직 코를 때려도 훔쳐보았든 도망치듯 넘겨보았든 그러나 아무도 그걸 천천히 되돌아

보진 않았다. 의외의 외로움만 남겨둔 채 숱한 남녀들의 나신은 그래서 지금도 그 비좁은 한 치 반 뼘의 만화상자 빠져나오려 거친 숨 내몰며 안간힘을 다하는 중이다.

19

주

1_ 어느 날부턴가 문학을 비롯한 인문학의 정치학 용어 사용은 흔해지기 시작했다. 물론 이것이 정치학과 문학의 진정한 학문적 협업을 전제로 한 일들은 결코 아니었지만 말이다. 문학비평의 경우 정치학 혹은 정치의 의미를 진술구조 중심으로 끌어들이려는 예로 다음 참조할 것. 이광호, 『이토록 사소한 정치성』(서울 : 문학과지성사, 2006). 만화세계에서도 예외는 아니었다. 다음 참조할 것. 김지영, "순정만화의 멜로적 형식과 감성의 정치학 : 황미나 · 김혜린의 작품을 중심으로," 민족어문학회(편), 「어문논집」 제53호(2006), pp. 419-460.

2_ 전정환 · 김건우 · 이정숙 지음, 『혁명과 웃음 : 김승옥이 시사만화 〈파고다영감〉을 통해 본 4 · 19 혁명의 가을』(서울 : 앨피, 2005); 유신영 · 박용규(외) 지음, 『한국 시사만화』(서울 : 한국언론재단, 2000); 양태영, "시사만화텍스트의 언어학적 분석," 한국어의미학회(편), 「한국어의미학」 제6집(2000), pp. 139-169.

3_ 미국 · 영국의 경우 시사만화의 정치적 저력은 이미 언론의 아성과 비등한 독자성을 확보한지 오래다. 세기의 전환기에 등장한 시사만화의 역사적 축적과 그 발전에 관한 논의로는 다음 참조할 것. Chip Bok, *A Recent History of the United States in Political Cartoons : A Look Bok* (Akron, Ohio : University of Akron Press, 2005); Martin Barker, *Comics : Ideology, Power and the Critics* (Manchester : Manchester University Press, 1989); Jeffrey W. Freels, *Cartoons, Politics, and the Fourth Estate : The Emergence of Visual Media in Nineteenth-Century Great Britain, United States, and France* (Ann Arbor, Michigan : ProQuest/UMI, 2006); Martyn Turner, *The Noble Art of Politics : Political*

Cartoons 1994–96 (Belfast : Blackstaff Press Ltd, 1997); Stephen Duncombe, *Notes from Underground : Zines and the Politics of Alternative Culture* (London : Verso, 1997).

4_ 이에 관해서는 다음 주목할 것. 최열, 『한국 만화의 역사』(서울 : 열화당, 1995).

5_ 길문섭은 한국의 만화장르를 다음과 같이 17가지로 나눈다. [「명랑 · 순정 · 아동 · 스토리(劇畫) · 무협 · 스포츠 · 정치 · 캐리커처 · 경제 · 사회 · 교양역사 · 1컷 · 4컷 · 성인 · 사극 · 학습 · 시사」 등이 그것이다.] 이들 각기의 역사적 인프라와 경험적 통계는 따로 추적해 볼 일이지만 그는 정치만화가 이 땅에 엄존함을 밝혀 둔다. 그러나 과연 그것이 마지막으로 열거한 시사만화와 어떻게 다르고 또 각기의 함의는 무엇을 담는지에 관해서는 침묵하고 있다. 길문섭, 『만화의 문화시대 : 개념의 이해와 실제』(서울 : 국제, 2000).

6_ 장르만화의 계발과 세목화는 앞으로의 여러 과제 가운데 하나일 것이다. 이에 관한 문제제기로는 다음 참조할 것. 박인하, 『장르 만화의 세계』(서울 : 살림, 2004).

7_ 그러나 유감스럽게도 창작과 비평 현장에서 두 장르는 해방 후 줄곧 균형을 이루지 못했다. 특히 정치만화의 안정적 정착이란 극히 어려웠다. 만화로 정치를 말하기 위해 대부분 '시사'를 빌렸는가 하면 담론의 공격성을 방호하기 위해 언론의 등을 올라타려는 그야말로 정치적 판단과 행동으로 일관했다. 이에 관한 사회과학적 분석과 추적으로는 다음을 주목할 것. 강형구 · 탁진영, "시사만화에 나타난 대통령 후보자의 시각적 이미지에 관한 연구," 한국언론학회(편), 「한국언론학보」 제50집 3호(2006), pp. 5–37 ; 이성연, "시사만화의 텍스트성 연구," 한민족어문학회(편), 「한민족어문학」 제46집(2005), pp. 381–408 ; 정희정, "한국 근대 초기 시사만화 연구 : 1909–1920년," 한국근대미술사학회(편), 「한국근대미술사학」 제10집(2002), pp. 314–316 ; 윤수재, "상징체계를 통한 우리나라 정부의 이미지 분석 : 시사만화의 text 분석 중심으로," 중앙대학교 국가정책연구소(편), 「중앙행정논집」 제13집 1

호(1999), pp. 69-89 ; "시사만화를 통한 우리나라 정부의 비유체계 분석 : 정부와 국민의 거리감," 한국정책학회 1999년도 하계학술대회 발표논문집(1999), pp. 731-748 ; 박기순, "시사만화의 등장인물에 대한 Q 방법론적 연구 : 김대중과 김영삼(가나나 순)의 매스 미디어 팬터지," 한국언론학회(편), 「한국언론학보」 제27집(1992), pp. 121-137 ; 이재진, "신문의 시사만화 및 만평에 있어서의 표현의 자유의 한계 : 비교법제론적 연구," 방일영문화재단(편), 「한국언론학술논총」(서울 : 커뮤니케이션북스, 2001).

8_ 정현숙의 접근은 그러나 극히 모범적이다. 이 정도의 시도가 사회과학 전 영역에 걸쳐 진작 추동되었더라면 만화연구의 지평은 풍요로웠으리라. 정현숙, 『일본 만화의 사회학 : 만화사적 접근을 통해 본 경쟁력의 기반』(서울 : 문학과지성사, 2004). 이는 만화와 사회과학의 학제적 연구를 자극한다는 점에서 주목할 필요가 있다.

9_ 이에 관해서는 다음 영화 참조할 것. 제임스 맥티그(감독), *V For Vendetta/Special Features, England Prevails : V For Vendetta and the New Wave in Comics* (Warner Bros, 2006). 로버트 로드리게즈 · 쿠엔틴 타란티노 외(감독), *Sin City* (Enterone, 2006).

10_ 그 많고 많은 걱정의 흔적들을 어찌 압축할 수 있겠는가마는 다음 연구들과 보고 결과는 그간의 고민을 잘 반영한다. 정유라, "한국 만화영화 텍스트 연구 : 暴力 養成 메커니즘을 중심으로," 한국만화애니메이션학회(편), 「만화애니메이션 연구」 제1집(1997), pp. 1-54 ; 차애옥, "신문 만화가 만화문화에 미친 영향에 관한 연구 : 스포츠 신문 만화를 중심으로," 서강대학교 공공정책대학원 석사학위논문(1993); 원윤미, "순정만화 장르에 나타난 섹슈얼리티와 수용양상에 관한 연구," 서강대학교 언론대학원 석사학위논문(2001); 유주연, "중학생의 동성애적 음란물 접촉 정도와 동성애 혐오증 및 고정관념과의 관계," 서울여자대학교 특수치료전문대학원 석사학위논문(2004); 강미라, "고교생의 음란매체 접촉과 잠재적 비행과의 관계," 제주대학교 교육대학원 석사학위논문(2002); 조창호, "청소년 인터넷 음란물 접촉실태

와 규제방안의 효과성 연구 : 서울시 중 · 고등학생을 중심으로," 명지대학교 대학원 석사학위논문(2003); 이관기, "청소년의 음란물 지각 및 경험과 성행동과의 관계," 우석대학교 교육대학원 석사학위논문(2002); 류헌걸, "대중문화가 초등학생 문화에 미치는 영향," 순천대학교 대학원 석사학위논문(2002); 이명구, 『'性의 바다' 인터넷 : 포르노사이트 기행기』(서울 : 예술시대, 1988); 박노웅, 『성인사이트 2 : 팝업메뉴 없이 볼 수 있는』(서울 : 업그레이드 미디어, 2000); 한국간행물윤리위원회, 『일본 복사만화 조사 분석 및 한 · 일 소년 · 소녀 만화잡지 비교』(서울 : 한국간행물윤리위원회, 1990); 한국간행물윤리위원회, 『음란물이 청소년의 성의식과 성폭력 인식에 미치는 영향』(서울 : 한국간행물윤리위원회, 1998); 한국간행물윤리위원회, 『선정적 만화가 청소년의 성의식 형성에 미치는 영향』(서울 : 한국간행물윤리위원회, 1997); 한국간행물윤리위원회, 『청소년 유해간행물에 대한 성인 인식도 조사』(서울 : 한국간행물윤리위원회, 1997).

11_ 만화가들의 세대분류나 시간적 편차에 따른 작품 분류도 중요한 과업이 될 것이다. 예를 들어 성인만화의 열독자 연령층과 작가들의 작품 생산은 해방 후 어떻게 변했는지, 그리고 그에 따른 만화의 문화적 영향은 시대별로 어떤 모습을 보였는지 살펴보는 일은 흥미로울 것이다. 길문섭은 성인만화의 개척자를 '고우영'으로 보고 이를 만개 · 확장시킨 마술사를 '박인권'으로 이해한다. 길문섭(2000), 앞의 책, pp. 88-89. 고우영에 이어 주목할 성인만화의 흐름은 '강철수 · 배금택 · 박수동 · 한희작 · 허무영 · 방학기' 등의 작품세계를 통해 이어졌음도 놓칠 수 없는 대목이다.

12_ 잘못 읽진 말자. 굳이 한자로 '成人'이라 붙여 쓰지 않아도 이 단어를 자칫 '聖人'으로 곡해하는 일만큼은 피하자.

13_ 새삼스럽지만 되묻자. "세상이 언제 '만화' 두려워한 적 있었던가." 아니, 세상 즐겁게 해준 것만큼 진정 고마워하기라도 했던가.

유인과 **향유**

| '벗기'와 '벗기기' 그리고 '숨기기'

너무 억제하여 위선을 자초하거나 지나치게 자주 밝혀 감상의 방해를 불러일으키는 것이 성애의 표현이다. 아예 작정하고 시작하는 교육적 메시지라면 무미와 건조가 무슨 문제겠는가마는 그것도 미디어 자체가 만화라면 얘긴 다르다. 어려운 내용도 쉽게 가자며 업히는 게 만화이고 보면 효과를 반감시키는 일은 피해야 하기 때문이다. 그것은 만화가 갖는 친근감을 경감시킨다. 그렇다고 굳이 성애의 표현을 강조해야만 만화가 쉬워진다는 얘긴 아니다. 표현의 부피를 조절함으로써 전달하려는 행복과 즐거움의 양성적 메시지를 배가시킬 수 있는 그릇이 만화임에도 불구하고 애써 그 이기利器의 특징을 말살할 이

유는 어디에도 없기 때문이다.

그렇다면 만화의 성애 표현에서 '적당하다'는 건 어느 정도를 이르는 걸까. 많고 적음만이 아니라 어디까지 드러내고 말 것인지 또한 논란의 핵을 이루다 보면 세상은 때로 시끄러워진다. 특히 인간의 몸이 성 본능의 꿈틀거림을 이기지 못해 이성때로 동성과의 육체적 교접으로 욕망을 드러내는 대목에서 표현과 전달 수위는 그 부피에 앞선다. 여기서 '앞선다'는 말은 시각적 관심대상으로 열기와 그 기운의 사회적 파장, 즉 책임성을 전제한다. 아울러 권력 일반의 표면적 우려가 '크다'는 의미와도 서로 통한다. 뿐만 아니라 법과 권력이 자신의 존재이유와 도덕적 의무 사이의 긴장을 의식하지 않을 수 없을 때 늘 내거는 핑계로도 해석할 수 있다.

하지만 권력과 법의 성 개입과는 별도로 만화 창작과정에서 성애 표현은 작가마다 다르고 독자들의 수용자세도 천차만별이다. 뿐만 아니라 그 표현의 양적 균형과 질적 조절이란 것도 엄정한 기준이나 근거가 마련되어 있는 게 아니다. 그것은 결국 작가 본인의 절제와 판단에 따라 선택적으로 이루어지는 일일 뿐 누가 간섭하고 통제할 사안도 아니다. 게다가 독자와 검열 당국이라는 만화 외곽의 힘까지 의식할 때 그들을 중심으로 펼쳐지는 정치적 긴장과 해소과정 역시 눈여겨 볼 일들이다.

누군가는 표현의 양적 팽창을 환호할 수도 있고 또 누

군가는 이를 감상의 방해요인으로 받아들일 수도 있는 노릇이다. 온라인 성인만화는 시 · 공간 단절뿐만 아니라 접근의 반半 폐쇄성비용 지불/로그인 등으로 성애 접속의 차별성을 강화하고 있고 오프라인 역시 표현의 노골화와 원색화 경향을 한층 강하게 지향하는 걸 보면 부피와 질의 공방도 일정한 한계를 갖는다.

명확한 기준과 원칙은 없을망정 그러나 성애 표현의 '많고 적음'에 따라 작품의 격과 비중도 달라진다는 사실을 이해하는 일은 늘 중요하다. 많아야 할 이유가 분명하다면 많아야 할 것이다. 하지만 성애의 표현 부피만으로 작품의 '좋고 나쁨'을 가리는 건 사실 바람직하지 않다. 게다가 드로잉의 성숙도와 완성도가 뒷받침되지도 않으면서 성애의 절제만을 강조한다고 그게 곧 '건전'이며 '도덕'이 되는 것도 아니다. 문제는 부피의 문제를 작품 속에서 웅변하듯 절규하거나 원색적으로 계몽하려 들지 않고 극히 자연스레 '동원 · 지탱 · 처리'하고 있는지와 직결된다. 평가와 수용이란 것이 애당초 주관의 영역을 벗어나지 못한다면 성애의 금도襟度와 표현의 경계를 계몽한다는 것도 사실 곤혹스런 일일 수밖에 없다.

궁극적으로 성 표현의 많고 적음이나 적나라함의 강도는 독자의 판단대상으로 남는다. 그리고 감동의 '끝'과 이를 담보할 표현의 한계가 어디까지 늘어날 수 있는지 고민하는 일은 작가의 몫으로 남겨진다. "성 묘사 없이도 독자를 사로잡을 수 있다고 생각할 때라야 성숙한 생략기법이 가능하다"고 정종진은 말한다.[1] 비록 문학을 대상으로 한 얘기지만 그의 말은 문예 일반에 같이 적용될 수 있다. 이러한 전제를 만화에 적용해 본다면 성숙한 성인만화란 성 묘사를 대체할 만한 떨림과 울림의 콘텐츠가 있고 구태여 그 장면 자체를 연상하지 않아도 좋을 무언가가 독자의 감각을 뒤흔들 때 가능할 것이다.

그의 말을 좀더 들어보자.

> 성 묘사를 생략한다고 해서 진지한 작가가 되는 것도, 도덕적 작품이 되는 것이 아니다. 성 묘사를 치밀히 해내건, 성 묘사를 생략하건 그것은 작가의 가치관 또는 미적 신념에 의한 것이지만 어쨌든 성의 표현에 당당할 때 진지한 작가, 진지한 작품이 된다. 당당하다고 했을 때, 그것은 성 표현으로 음험함을 조장하지 않는다는 말과 같다. 성 묘사가 필요한 곳은 필요한 만큼 해야 하며, 필요하지 않은 곳은 과감히 유혹을 뿌리치고 생략하는 것이 당당한 것이다. 성 묘사를 직접 제시함으로써 독자의 흥미를 도발시키는 경우가 흔하지만, 성 행위를 암시만 한 채 생략해 버림으로써 오히려 여운을 남기는 방법도 많다. 성 묘사를 치밀히 하면서 주인공의 성격을 나타낸다든지, 작가의 주제를 거기에서 내보인다든지 하는 것도

> 성숙한 기법이지만 암시만 한 채 생략하는 것이 때때로 산뜻한 여운을 줄 수 있다.[2]

누군가 '성 묘사를 보기 위해 성인만화를 읽는다'고 말한다면 우리는 그 주장에 어느 정도 공감할 수 있을까. 영화도 소설도 게다가 시와 미술 역시 성 묘사가 그 안에 들어 있거나 아예 그 자체만 다루고 있다면 우리는 어느 지점에서 '그것들'을 감상대상으로 받아들이고 또 언제 더 이상 '보기'를 그만둘까. '그것이 있기 때문에 본다'면 그건 곧 '없으면 보지 않는다'는 사실과 같은 걸까. 전체 속의 한 부분으로 성 묘사와 성애 표현이 영향력을 행사하기 때문이라고 한발 물러선다 해도 그 비중은 여전히 적잖은 걸까. 설령 아무리 '그것 때문이 아니라 해도' 바로 '그것 때문에' 말썽이 일고 시끄러우며 흔들리는 세상이라면 도무지 그걸 피할 게 아니라 어찌 보고 어떻게 받아들여야 할지 진지했어야 하지 않을까.

묘사가 많아서 그리고 너무 진해서 문제였다면 그건 성적 역겨움이나 그에 따른 거부로 이해할 일이었을 터였다. 너무나 밋밋하여 뭔가 그리웠고 콘텐츠의 삽입이 아쉬움 달래자 상황이 달라졌다면 문제는 표현 자체를 어쩌지 못해 고민하는 작가의 능력과 그 질적 수준에 있었을 뿐, 혜성처럼 등장한 콘텐츠 자체에 있지 않았을 것이다.

듣는 김에 그의 말, 좀더 귀 기울여 보자.

> 이른바 3류 소설, 대중소설이라는 것을 보면 성 묘사만 양적으로 출중하여 다른 어떤 문학정신이 드러나지 않는 경우가 많다. 그러니까 성을 말하기 위해 모든 다른 것을 억제하고 희생시킨다. '삶 속의 성' 이 아니라 '성 속의 생활' 이 되어 성 외의 것이 위축되는 것이다. 성이 인간성 탐구의 왕도가 아님은 물론이다. 중요한 하나의 방법이지 성이 모든 것을 해결해 내는 열쇠라 생각해서는 안 된다. 이른바 3류 소설, 대중소설은 성을 제시하는 전략이 뻔하게 간파된다. … 성 묘사의 길이나 빈도수가 지나치면 당연히 주제나 구조가 치명상을 입게 된다. 주제나 구조가 미약하다는 것은 결국 작가정신이 없다는 말과 동일한 것이다. 작가정신을 죽이고 흥미를 택한다는 것은 마치 썩은 사과의 향내와 같다. 더 짙은 향내를 내기 위해 몸부림치면 몸체가 쉬 썩게 되는 것이다. 필요한 최소를 강조하는 것은 결코 도덕률에 지배되어서 그런 것이 아니다. 그것이 작가정신을 살리는 기본 덕목이라는 신념에서 비롯된 것이다.[3]

만화 역시 작가정신이 발현되길 기대한다는 건 독자로서 당연한 일이다. 만화가 문학의 한 장르인지 아닌지 가려내 별도 기준을 요구한다든지 만화만의 성 묘사를 무슨 불가침의 고도孤島처럼 강요할 일도 아닌 한, 표현의 질량을 둘러싼 이 같은 주장의 정당성은 비껴갈 이유가 없다. 바람직한 조건은 이 땅 모든 만화작가들이 넘쳐나는 작가정신[4]으로 무장, 이같은 우려를 완전히 제거해 버릴 때 나타날지 모를 일이다.

그러나 그것은 상상과 가정으로나 있을 수 있을 뿐이다. 현실은 그렇지 않다. 여전히 앞 다퉈 벗기고 한층 더 깊이 드러내려 피 튀기는 중이다. 육체의 향연과 폭력의 난무가 굳어진지 오랜 이 땅에서 스스로 노출하려는 표현의 파노라마도 이상할 리 없다. 그리하여 권력이 용인할 수 있는 위반의 한계점까지 작품을 끌고 가거나 일탈의 임계점 주변을 맴돌며 묵인의 회색지대 속에서 최대한 자유롭고자 몸부림지는 모습도 익히 볼 수 있는 일들이다. 아예 만화의 하드코어를 자임하는 성애 일변도에서 사법통제의 그늘을 의식, 조건부로 활약하는 경우 등 창작지평의 다양한 점거는 곧 작가들의 개성을 잘 반증한다.

성 묘사 일반, 특히 성애현장은 이제 성인만화의 엄연한 구성분으로 자리한다. 그것은 성인들이 겪고 부딪치는 숱한 인간관계와 숨 쉬고 밥 먹는 행위에 이어 배설의 한 통과의례처럼 일상화되어 있다. 이야기의 어느 부분이든 등장하는 관행 자체가 거북할 리 없게 된 것이다. 다만 그 행위의 원색성과 지나친 솔직함이 욕망을 확인하는 '순수'를 넘어 의도치 않은 '전염' 과 민감한 '파급' 으로 이어질 때 세상은 누군가 나서 이를 애써 가려주길 바랐다. 자신의 탐닉과 자기 욕망의 처리와는 완전 별도로.

나의 타락과 세상의 오염을 전혀 별개로 파악하려는 저 지독한 모순 주변에서 세상의 온갖 핑크빛 가면은 새삼 세포분열하고 있었다. 그 둘이 서로 충돌하거나 엇갈릴 때마다 말로는 표현 못 할 인간의 다중성이 변덕의 정체를 드러내고 있었던 것이다. 깊이 파헤치자면 넘쳐나는 '비루' 와 '피폐' 로 바로 쳐다보지 못할 현실 아니었을까. 아니 그랬던가. 알아서 괴롭고 드러날수록 더 힘겨운 삶의 환부라면 차라리 외면과 침묵으로 대신하는 편이 덜 역겨운 일이었으리라.

나의 일탈과 국가의 파멸이 서로 팽팽히 긴장할 때 세상 질서 바로 잡고자 자신의 욕망을 포기할 위인들은 과연 몇이나 될까. 성욕의 팽창이 삶의 행복과 평화를 위해 무익하며 유해한 것이라고 종교적 계몽의 화살을 쏘아댈 때 그에 기꺼이 응수할 동포들은 또 얼마나 되려나. 넘치는 작가정신과 들끓는 윤리의식으로 성 묘사 하나 없이 감동의 드로잉을 토해내며 독자를 사로잡을 만화가는 지금 어디에 숨어 있는 걸까.

이쯤에서 정리해 보자. 이같은 문제제기는 얼마나 허황되고 또 맛없는 일인지를. 덧붙여, 이루지 못할 꿈의 제전에 메마른 꽃잎만 흩뿌리는 일인지를. 그리고 비유해 보자. 성인만화의 세계에서 성애와 성 묘사의 '자리'를. 필자는 그것이 굳이 없어도 좋은 부분이라고 보지 않는다. 있어서 아름답고 다시 나타나 빛나는 장면일진대 애써 외면할 이유일랑 도무지 어디에도 없다는 걸 수시 확인하니까.

처음부터 집안 꾸미려 꽃이 필요하진 않았을 것이다. 언제부턴가 누구에 의해선가 자연의 숱한 향기들 가운데 꽃이 선택되었고 화단에서 집안으로 들어선 순간 집이 달라져 보였던 것뿐이다. 그리해서 꽃에 잠시 취했던 손님들 눈에는 어느덧 '집의 기억'과 '터의 추억'은 사라지고 있었다. 대신 영롱하던 꽃잎의 레이아웃과 꽃술의 자태와 휘말려 구부러지던 줄기의 속살들만 생각나고 있었다.

하지만 꽃이 아름답다고 어디 집이 없었을까. 집이 빛났다 한들 꽃은 꽃이요, 집은 엄연한 집이었다. 둘을 혼돈함은 잠시의 면죄로 지나칠 일일 수 있으려니와 오래도록 기정화할 것이라면 그대로 가당치 않았을 것이다. 부분으로 전체를 유추함도 문제일 터이나 전체가 하나로 귀결되고 그것밖에 다른 것이 보이지 않음도 병치곤 중병인 걸 어디 꼭 증세로만 말해야 하겠는가.

꽃밖에 보이지 않아 세상은 온통 그 꽃으로 뒤덮여 있다고 단정까지 할 마음이라면 이내 더 할 말은 없다. 다만 한가지. 그래도 잊지는 말자. 오해도 말자. 마치 '성인만화=성표현 전용 미디어=음란물=비교육적 사회악=빨간 딱지'

라며 등식화하는 일도 반복하진 말자. 하여 어느덧 이들 이미지 모두가 세상 곳곳 조져놓은 양 법석 떠는 일도 포함해 말이다. 성인만화를 성인만화답게 끌고 가는 보다 듬직한 요인이 없었다면 모를까, 그것이 성 묘사와 성애 표현을 애용하였다는 이유만으로 미디어의 정체를 그같이 한정한다는 건 결코 인정하기 어려운 일이다. 그같은 오해는 곧 비판과 공격 주체가 늘 찾아 헤매는 적합한 과녁으로 성애 장면만큼 만만한 대상이 없다는 사실과 직결된다.

어린 아이들이 보면 곤란하기 때문에 적당히 야해야 한다는 위선은자신은 얼마든지 봐도 괜찮다는 본능적 허여와 도피의 훌륭한 구실이 된다. 마찬가지로 억압과 통제 의지로 가득한 주체에게 대상의 출몰혹은 출현은 자신의 과오와 무능을 은폐할 더 없이 좋은 핑계가 된다. 그들 사이를 불안하게 가르고 언젠가 찢어질지 모를 듯 연약하게 버티고 있는 도덕률이란 것도 따지고 보면 기막히도록 팽팽하게 잡아당겨진 성인물 셀로판 껍질과 다를 리 없는 노릇이다. 그런다고 어디 안 찢어질 포장지이겠으며 조인다고 벗겨질 리 없는 가면이겠는가.

속내 더욱 벗겨 보자면, 원한 없이 누리고도 끝없는 욕망의 고무줄 또 끊어지도록 당겨보고픈 일 아니었을까. 그게 누구라 따로 가릴 필요 없이 모두가 점잖고 숙연한 자기 권위에 애처롭도록 갇혀 지내는 사이, 권력의 단속과 질투는 계속될 수밖에 없지 않았을까. 보란 듯 내밀며 원없이 벗어가며 본능의 자극적 촉수를 건드려대는 인사들이 얄미워져 더욱 조이고 한참을 눌러야 한다고 핏대 올리는 게 나라의 '숨은 힘'과 그들이 기대려는 음험한 폭력의 정체가 아닐까.

성인만화의 성애 표현과 성 묘사 전반이 사회적 인정의 도度를 넘어선다고 판단될 경우 세상의 질서, 즉 '공서양속公序良俗'의 침해를 허울로 창작 숨통을 막을 합법적 근거는 세상 도처에 마련된다. 그래서 혐의가 있는 곳에 투망의 이유가 성립되고 올가미의 까닭이 분명한 곳에 법은 어느덧 폭력이 된다. 성인이 성인을 가두고 벌할 사법 바탕이 마련되는 것이다. 이때 국가폭력의 집행자들 앞에서 '만화가 예술'이라든지 '고유한 드로잉'의 세계를 갖는다는 주장은 메마른 염불로밖에 비치지 않는다. '예술적 표현'의 자유와 누구도 넘보지 못할 '독창적 묘사' 능력도 한낱 무기력한 단속대상이자 잠재적 혐의의 개연성으로 인해 처참하리만치 연약해질 수 있다.

이 땅의 만화가 특히 성인만화 전업작가들을 옥죄고 비틀 수 있는 국가폭력의 사법 근거는 비교적 명확하고 막강하다. 그들은 우선 만화의 예술성 이전에 드로잉 결과물의 문화적·미술적 비속성이 세상을 어지럽게 흔들고 동시에 음탕하게 교란한다는 사실에 최고의 혐의를 둔다. 이른바

'음란의 죄'는 예술로 포장한 육욕 촉발본능이 면피와 도주의 가능성으로 자신을 감싸지 못하도록 이들 사이를 차단·통제하는 데 주력했다. 그것은 곧 국가가 파놓은 합법의 덫이자 문화의 올가미였다.

음란의 죄는 권력이 판단하고 부과하는 독특한 폭력성을 바탕에 둔다. 행여 예술을 업으로 삼는 동료 작가가 동지를 고발한다든지 작품내용이 반사회·반문화적이란 이유를 들어 법의 힘으로 단죄하는 일들은 좀체 벌어지지 않는다. 어디까지나 힘 있는 자가 힘으로 타자를 굴복시키고 완벽한 사법적 근거를 만듦으로써 사회통제 기틀을 안정적으로 마련하는 일은 적어도 예술적 표현의 자유와는 충돌할 수밖에 없다. 통제 주체와 힘의 집행자 등 뒤에 묻어 있는 타락의 그늘은 이때 '음란죄' 그 자체와 전혀 관계가 없었다. 아니, 제도폭력을 휘두르고 공포의 예감으로 민중을 제압하는 데 자신의 과오는 도리어 묻혀버릴 수 있다는 데 권력은 착안한다. 당국은 그럴수록 정의와 질서를 외치곤 했다. 공권력의 도덕적 불성실과 흠결이 힘의 행사과정에서 은폐·희석될 수 있다는 사실은 곧 사법적 위선과 정치적 윤색 논리를 한층 강화한다.

세상의 질서와 그 유지는 국가권력이 호령하기 좋은 항구적 핑계였다. 자신의 책무와 궁극의 존재이유를 도덕으로 위장하는 데도 이만한 구실은 없었다. 다음 법률조항들은 이같은 통제 문법과 국가권력의 지배명분을 잘 설명해 준다. '음란'이란 이유 하나로 엮어 예술과 창작을 혐의와 범법 계기로 치환시키는 핑계들도 모두 이처럼 분화하는 것이다. 그들은 과연 어떤 까닭과 근거로 통제의 올가미를 드리우려는 것일까.

Ⅰ. 게임 산업 진흥에 관한 법률

제32조 (불법게임물 등의 유통금지 등) ② 누구든지 다음 각 호에 해당하는 게임물을 제작 또는 반입하여서는 아니 된다 ; 3. 범죄 · 폭력 · 음란 등을 지나치게 묘사하여 범죄 심리 또는 모방심리를 부추기는 등 사회질서를 문란하게 할 우려가 있는 것.

Ⅱ. 방송법

제5조 (방송의 공적 책임) ⑤ 방송은 건전한 가정생활과 아동 및 청소년의 선도에 나쁜 영향을 끼치는 음란 · 퇴폐 또는 폭력을 조장하여서는 아니 된다.

Ⅲ. 성매매알선 등 행위의 처벌에 관한 법률

제2조 (정의) ① 이 법에서 사용하는 용어의 정의는 다음과 같다 ; 3. "성매매 목적의 인신매매"라 함은 다음 각목의 어느 하나에 해당하는 행위를 하는 것을 말한다. 가. 성을 파는 행위 또는 형법 제245조의 규정에 의한 음란행위를 하게 하거나 성교행위 등 음란한 내용을 표현하는 사진 · 영상물 등의 촬영대

상으로 삼을 목적으로 위계 · 위력 그 밖에 이에 준하는 방법으로 대상자를 지배 · 관리하면서 제3자에게 인계하는 행위.

Ⅳ. 성폭력범죄의 처벌 및 피해자 보호 등에 관한 법률

제2조 (정의) ① 이 법에서 "성폭력범죄"라 함은 다음 각 호의 1에 해당하는 죄를 말한다.<개정 1997. 8. 22, 1998. 12. 28> 1. 형법 제22장 성 풍속에 관한 죄 중 제242조(음행매개) · 제243조(음화 등의 반포 등) · 제244조(음화 등의 제조 등) 및 제245조(공연음란)의 죄 4. 형법 제339조(강도강간)의 죄 5. 이 법 제5조(특수강도 강간 등) 내지 제14조의2(카메라 등 이용촬영)의 죄 ② 제1항 각호의 범죄로서 다른 법률에 의하여 가중처벌되는 죄는 성폭력 범죄로 본다.

Ⅴ. 신문 등의 자유와 기능보장에 관한 법률

제4조 (정기간행물 등의 사회적 책임) ① 정기간행물 및 인터넷신문은 인간의 존엄과 가치 및 민주적 기본질서를 존중하여야 한다. ② 정기간행물 및 인터넷신문은 국민의 화합과 조화로운 국가의 발전 및 민주적 여론형성에 이바지하여야 하며 사회 각계각층의 다양한 의견을 균형 있게 수렴하여야 하고 지역간 · 세대간 · 계층간 · 성별간의 갈등을 조장하여서는 아니 된다. ③ 정기간행물 및 인터넷신문은 국민의 알 권리와 표현의 자유를 신장하여야 한다. ④ 정기간행물 및 인터넷신문은 타인의 명예를 훼손하거나 권리를 침해하여서는 아니 된다. ⑤ 정기간행물 및 인터넷신문은 범죄 및 부도덕한 행위나 사행심을 조장하여서는 아니 된다. ⑥ 정기간행물 및 인터넷신문은 건전한 가정생활과 아동 및 청소년의 선도에 나쁜

영향을 끼치는 음란·퇴폐 또는 폭력을 조장하여서는 아니 된다.

Ⅵ. 영화 및 비디오물의 진흥에 관한 법률

제50조 (등급분류) ④ 영상물등급위원회는 등급분류를 함에 있어서 비디오물의 내용이 다음 각 호의 어느 하나에 해당된다고 인정하는 경우에는 그 내용검토를 위하여 3월 이내의 기간을 정하여 등급분류를 보류할 수 있다. 이 경우 영상물등급위원회는 신청인에게 보류이유 및 보류기간을 통지하여야 한다. 2. 존비속에 대한 폭행·살인 등 가족윤리의 훼손 등으로 미풍양속을 해칠 우려가 있는 것 3. 범죄·폭력·음란 등을 지나치게 묘사하여 범죄 심리 또는 모방심리를 부추기는 등 사회질서를 문란하게 할 우려가 있는 것

Ⅶ. 옥외광고물 등 관리법

제5조 (금지 광고물 등) ② 누구든지 광고물에 다음 각 호의 1에 해당하는 내용을 표시하여서는 아니 된다.〈개정 2003. 5. 29〉 1. 범죄행위를 정당화하거나 잔인하게 표현하는 것 2. 음란 또는 퇴폐적 내용 등으로 미풍양속을 해칠 우려가 있는 것 3. 청소년의 보호·선도를 저해할 우려가 있는 것

Ⅷ. 음반·비디오물 및 게임물에 관한 법률

제32조 (유통관련업자의 준수사항) 제2조제8호 내지 제12호의 규정에 의한 영업(복합유통·제공업의 경우에는 제8호 내지 제11호에 해당하는 영업이 포함된 영업에 한한다)을 영위하는 자(이하 "유통관련업자"라 한다)는 다음 각 호의 사항을

지켜야 한다.〈개정 2004. 1. 29〉 5. 게임제공업자 또는 멀티미디어 문화콘텐츠 설비제공업자는 청소년이 이용할 수 있는 게임물 및 컴퓨터 설비 등에 음란물을 차단할 수 있는 프로그램 또는 장치를 설치하여야 하며 청소년에게 18세 이용 가 게임물을 이용할 수 있도록 제공하지 아니할 것. 다만, 음란물차단 프로그램 또는 장치의 설치에 있어서는 이를 설치할 필요가 없는 경우에는 그러하지 아니하다. 6. 비디오물 소극장업자 · 게임제공업자 · 노래연습장업자 및 멀티미디어 문화콘텐츠 설비제공업자는 당해 영업장소에 대통령령이 정하는 출입시간외에 청소년을 출입시키지 아니할 것. 다만, 보호자 등 청소년을 지도 · 감독할 수 있는 지위에 있는 사람을 동반하거나 그의 출입동의서를 받은 경우 그 밖에 대통령령이 정하는 경우에는 그러하지 아니하다. 7. 노래연습장업자 및 비디오물감상실업자는 주류를 판매 · 제공하는 행위, 접대부를 고용 · 알선하는 행위, 윤락행위 또는 음란행위를 하게 하거나 이를 알선 · 제공하는 행위를 하지 아니할 것

Ⅸ. 전기통신사업법

제53조 (불법통신의 금지 등) ① 전기통신을 이용하는 자는 다음 각 호의 행위를 하여서는 아니 된다. 1. 음란한 부호 · 문언 · 음향 · 화상 또는 영상을 배포 · 판매 · 임대하거나 공연히 전시하는 내용의 전기통신 3. 공포심이나 불안감을 유발하는 부호 · 문언 · 음향 · 화상 또는 영상을 반복적으로 상대방에게 도달하게 하는 내용의 전기통신 4. 정당한 사유 없이 정보통신시스템, 데이터 또는 프로그램 등을 훼손 · 멸실 · 변경 · 위조하거나 그 운용을 방해하는 내용의 전기통신 5. 청소년

보호법에 의한 청소년 유해 매체물로서 상대방의 연령확인, 표시의무 등 법령에 의한 의무를 이행하지 아니하고 영리를 목적으로 제공하는 내용의 전기통신 9. 범죄를 목적으로 하거나 교사 또는 방조하는 내용의 전기통신

X. 전파법

제85조 (벌칙) 무선설비 또는 전선로에 주파수가 9킬로헤르츠 이상인 전류가 흐르는 통신설비(케이블반송설비 및 평형2선식 나선반송설비를 제외한 통신설비를 말한다)에 의하여 음란한 통신을 발한 자는 2년 이하의 징역 또는 1천만원 이하의 벌금에 처한다.〈개정 2004. 12. 30〉

XI. 정보통신망 이용촉진 및 정보보호 등에 관한 법률

제41조 (청소년 보호를 위한 시책의 마련 등) ① 정보통신부장관은 정보통신망을 통하여 유통되는 음란 · 폭력정보 등 청소년에게 유해한 정보(이하 "청소년유해정보"라 한다)로부터 청소년을 보호하기 위하여 다음 각 호의 시책을 마련하여야 한다.〈개정 2004. 12. 30〉1. 내용선별소프트웨어의 개발 및 보급 2. 청소년 보호를 위한 기술의 개발 및 보급 3. 청소년 보호를 위한 교육 및 홍보

XII. 청소년보호법

제2조 (정의) 이 법에서 사용하는 용어의 정의는 다음과 같다. 〈개정 1999. 2. 5, 1999. 3. 31, 2000. 1. 12, 2001. 4. 7, 2001. 5. 24, 2004. 1. 29, 2004. 12. 31, 2005. 3. 24, 2005. 12. 29, 2006. 4. 28〉 1. "청소년"이라 함은 만 19세 미만의 자를 말한다. 다만,

만 19세에 도달하는 해의 1월 1일을 맞이한 자를 제외한다. 2. "매체물"이라 함은 제7조 각 호의 1에 해당하는 것을 말한다. 3. "청소년유해매체물"이라 함은 다음 각목의 1에 해당하는 것을 말한다. 가. 제8조 및 제12조의 규정에 의하여 청소년위원회가 청소년에게 유해한 것으로 결정하거나 확인하여 고시한 매체물. 나. 제8조 제1항 단서의 규정에 의한 각 심의기관이 청소년에게 유해한 것으로 의결 또는 결정(이하 "결정"이라 한다)하여 청소년위원회가 고시하거나 제12조의 규정에 의하여 청소년에게 유해한 것으로 확인하여 청소년위원회가 고시한 매체물. 4. "청소년유해약물등"이라 함은 청소년에게 유해한 것으로 인정되는 다음 가목 (1) 내지 (7)에 해당하는 약물(이하 "청소년유해약물"이라 한다)과 청소년에게 유해한 것으로 인정되는 다음 나목 (1) 또는 (2)에 해당하는 물건(이하 "청소년유해물건"이라 한다)을 말한다. 나. 청소년유해물건 (1) 청소년에게 음란한 행위를 조장하는 성기구 등 청소년의 사용을 제한하지 아니하면 청소년의 심신을 심각하게 훼손할 우려가 있는 성관련 물건으로서 대통령령이 정하는 기준에 따라 국가청소년위원회가 결정하여 고시한 것 (2) 청소년에게 음란성 · 포악성 · 잔인성 · 사행성 등을 조장하는 완구류 등 청소년의 사용을 제한하지 아니하면 청소년의 심신을 심각하게 훼손할 우려가 있는 물건으로서 대통령령이 정하는 기준에 따라 국가청소년위원회가 결정하여 고시한 것. 5. "청소년유해업소"라 함은 청소년의 출입과 고용이 청소년에게 유해한 것으로 인정되는 다음 각목의 어느 하나에 해당하는 업소(이하 "청소년출입 · 고용금지업소"라 한다)와 청소년의 출입은 가능하나 고용은 유해한 것으로 인정되는 다음 나목의 어느 하나에 해당하는 업소(이하 "청소년고용금지업소"라 한다)를 말한다. 이 경우 업소의 구분은 그 업소가 영업을 함에 있어서 다른 법령에 의하여 요구되는 허가 · 인가 · 등록 · 신고 등의 여부에 불구하고 실제로 이루어지고 있는 영업행위를 기준으로 한다. 가. 청소년출입 · 고용금지업소 (2)「영화 및 비디오물의 진흥에 관한 법률」에 의한 비디오물감상실업 및「음악산업진흥에 관한 법률」에 의한 노래연습장업 중 대통령령으로 정하는 것. 나. 청소년고용금지업소 (3)「영화 및 비디오물의 진흥에 관한 법률」에 의한 비디오물소극장업 또는「게임산업진흥에 관한 법률」에 의한 게임제공업 · 복합유통게임제공업 중 대통령령이 정하는 영업 (6) 회비 등을 받거나 유료로 만화를 대여하는 만화대여업 (7) 청소년유해매체물, 청소년유해약물 및 청소년유해물건을 제작 · 생산 · 유통하는 영업 등 청소년의 고용이 청소년에게 유해하다고 인정되는 영업으로서 대통령령이 정하는 기준에 따라 국가청소년위원회가 결정하여 고시한 것. 6. "유통"이라 함은 매체물 또는 약물 등을 판매(가두판매 · 자동판매기 · 통신판매 등을 포함한다. 이하 같다), 대여, 배포, 방송(종합유선방송을 포함한다. 이하 같다), 공연, 상영, 전시, 진열, 광고하거나 시청 또는 이용에 제공하는 행위와 이러한 목적으로 매체물 또는 약물 등을 인쇄 · 복제 또는 수입하는 행위를 말한다. 7. "청소년폭력"이라 함은 폭력을 통해 청소년에게 신체적 · 정신적 피해를 발생하게 하는 행위를 말한다.

XIII. 출판 및 인쇄진흥법

제19조 (간행물의 유해성 심의) ① 위원회는 유해성 심의 결과 다음 각 호의 1에 해당하는 간행물에 대하여는 유해간행물로 결정하여야 한다. 2. 음란한 내용을 노골적으로 묘사하여 사회의 건전한 성도덕을 뚜렷이 해치는 것. 3. 살인 · 폭력 · 전쟁 · 마약 등 반사회적 또는 반인륜적 행위를 과도하게 묘사하거나 조장하여 인간의 존엄성과 건전한 사회 질서를 뚜렷이 해치는 것

XIV. 풍속영업의 규제에 관한 법률

제3조 (준수사항) 풍속영업을 영위하는 자(허가 또는 인가를 받지 아니하거나 등록 또는 신고를 하지 아니하고 풍속영업을 영위하는 자를 포함하며, 이하 "풍속영업자"라 한다) 및 대통령령으로 정하는 종사자는 다음 각 호의 사항을 지켜야 한다. 〈개정 1997. 3. 7〉 1. 풍속영업을 영위하는 장소(이하 "풍속영업소"라 한다)에서 윤락행위 또는 음란행위를 하게 하거나 이를 알선 또는 제공하여서는 아니 된다. 2. 풍속영업소에서 음란한 문서 · 도화 · 영화 · 음반 · 비디오물 기타 물건(이하 "음란한 물건"이라 한다)을 반포 · 판매 · 대여하거나 이를 하게 하는 행위와 음란한 물건을 관람 · 열람하게 하는 행위 및 반포 · 판매 · 대여 · 관람 · 열람의 목적으로 음란한 물건을 진열 또는 보관하여서는 아니 된다.

XV. 형법

제243조 (음화 반포 등) 음란한 문서, 도화, 필름 기타 물건을 반포, 판매 또는 임대하거나 공연히 전시 또는 상영한 자는 1년

이하의 징역 또는 500만원 이하의 벌금에 처한다.[전문개정 1995. 12. 29]

출처 : http : //www.moleg.go.kr/

이 땅의 법은 그러나 최소한의 강제일 뿐이었다. 지금도 역시 그렇다. 그것은 있을 수 있는 경우의 수와 앞일을 상정하여 치밀하게 고민한 예비 규범도 아니었다. 한사코 단속하겠다든지 기어이 막아볼 의지가 넘쳐나 만든 것들도 아니었다.

> 느슨하고 묶은 경고. 잡히넌 물편할 것. 알아서 피하고 자제할 것. 예상되는 가치박탈을 미리 염려할 것. 암묵저 권유와 공포의 예시.

법적 강제가 강한 적극성을 갖지 못했던 이유가 진정 권력의 자기 모멸이나 규범적 각성에서 비롯된 것이었는지 우리 모두는 얼마만큼 확신할 수 있을까. 그리고 권력은 이에 관해 어디까지 동의할 수 있을까. 어디에도 정치권력이 자신을 방호하기 위해 법률을 제정하고 사법폭력을 강고히 자행하려 했다는 증거는 없다. 오히려 세상의 무질서를 단죄하고 기강을 확립하기 위해 공포효과를 내세우려는 '저들'의 의도는 깊어가고 있었다. 군중이 두려워하고 대중이 무릎 꿇을 광장 한복판에 불화로를 높이 세워 처단용 인두를 달구는 일이야말로 최소의 노력으로 최대의 능률을 도모하는 과업이었다. 단지 그것이 쉽게 받아들여질 것이란 단순한 믿음을 저버리지 않으면서.

권력이 스스로 도피처를 마련하기 위해 사법적 함정을 미리 파놓았다는 증거는 미약하다. 마찬가지로 이 땅의 만화가들이 권력에 도전하고 보다 강력하게 항거하기 위해 표현의 한계에 다다르려 한결같이 애썼다는 흔적도 찾아보긴 어렵다. 법이 최소한의 강제임을 입증하는 예는 너무나 많다. 법은 법이 존재하고 있다는 사실을 근거로 사회적 만족감과 규범적 자기 의무를 다한다고 자위할는지 모른다. 위에서 압축한 대로 법적 강제가 현실의 복잡계를 따라잡거나 그에 앞서 추상같은 규준점을 제공할 수 없었다는 사실은 어제 오늘의 일이 아니다. 현실이야 늘 법을 농락하기 위해 존재하듯 날뛰는 '망나니' 일 때가 더 많았으니 말이다. 더욱 꼬집어 보자면 법이 '위반의 정치학' 을 빌려 예술마저 어찌해 보겠다고 뒤따라 나서는 날부터 세상의 동티는 이미 예견되고 있었다. 제압은커녕 추적조차 어려울 것이란 불길한 예감과 함께.

넘쳐나는 창작욕과 꿈틀대는 표현욕구를 상업성으로 호도해 버리는 일도 세상이 할 짓은 아니다. 하물며 그것이 호구지책의 하나였다 한들, 누구든 그렇게 되지 않고 이슬이나 받아 마시며 고결하니 혼자 먹고 사는 이들일랑 몇이나 있을까? 어떤 형식으로든 자기를 팔아야 함에도 불구하고 '팔겠다'는 그것이 음란의 '내용'을 담았다 하여 한껏 반도덕 · 반사회의 딱지를 매달아 호되게 후려칠 권한이 이 땅 그 누구에게 그다지도 크게 주어질까?

그것이 '웃음'이었거나 혹여 '육체' 그 자체였기에 더욱 천박하고 한갓된 행위였다는 증거는 어디에 있을까. 이를 지탄하려는 것도 사실은 한결 더 더럽고 치사한 자신의 치부를 가리려는 몸짓에 지나지 않았다. 돌아보라, 자신을. 정작 바윗돌로 내리칠 대상은 한 손으로 죄짓고 다른 한 손으로 애써 그걸 감추는 구린 그대 스스로임을.

되새겨 보자. 그것이 만화였기에 만만하였고 비판의 날개가 힌껏 힘차게 펄럭였던 것이라면 이제 공격의 기세는 잠시 멈추어 볼 일이다. 그 속에 당신이 들어 있고 그 안에 그대가 살아 숨쉬고 있음을 알아차린 후 돌멩이든 화살이든 던질 일이라고 되돌아도 볼 것이다. 음란항목을 들어 성애의 쾌감과 열락의 햇살이 주는 육체적 광채마저 내던질 일이라면 그건 위선도 보통 위선이 아니다. 그렇게 자신 있고 그다지도 당당할 수 있는가. 온통 도덕으로 화장하고 윤리로 무장했다 한들, 육체가 부르는 내면의 메아리를 외면해야 한다고 부르짖을 수 있는가 말이다. 그러고도 인간적 삶이니 행복의 가치니 줄곧 되뇌일 것이란 말인가.

헤도니즘Hedonism의 이데올로기로 자신의 무능과 무책임을 덮으려는 건 더러운 음모에 지나지 않는다. 게으름도 죄악인 것을 그걸 숨기기 위해 '아닌 것'을 아니라 인정하지 않으며 한번 더 자신을 속이고 뒤덮으려는 가증을 일삼는다는 말인가. 이 땅의 성인만화가들 모두를 쾌락의 대명사로, 아니 그같은 사회적 음모의 기획과 상업적 구상의 주격으로 인식하지는 말 일이다. 도발하기 위해 존재하는 것이 아니라 그래도 살아야 한다고 시대의 계몽과 더욱 행복해야 한다는 다짐과 함께 버티고 또 버티는 중임을 알아야 한다. 성실과 근면을 가장하였으나 입만 열면 '구라'로 소임 다하는 이 나라 직업 정치인들보다 '그들'이 훨씬 의연한 위인들임을 정말이지 알아차려야 한다.

즉발적 유혹과 감각적 유인 행위가 정책과 법률로 미래의 행복을 견인하겠다는 직업정치인들의 약속과 다른 점은 그렇다면 뭘까.

비속? 순간적 쾌락? 덧없음? 반역사성? 개인과 국가의 관심 격차? 본능의 해소와 집단적 의무 이행 편차?

공적 관심과 사적 욕망을 동시 해결하는 열쇠는 존재하지 않는다. 그것이 가능했다면야 무슨 걱정이었으랴? 행복과 희망을 노래하였으되 불행과 절망만을 안겨준 이들의 사상적 허무맹랑보다 필자는 성인만화의 세계가 한층 덜 공허함을 읽는다. 군중동원과 유권자 현혹의 절차 없이 작품으로 유인하고 감각의 충속으로 승부 거는 '드로잉의 정치'가 훨씬 인간적이라고 보는 것이다.

그러나 다른 건 몰라도 유독 성적인 감각 표출과 그 행동 표현에 독한 이중적 반응을 보이는 이 땅의 문화적 특성은 뭘 뜻할까. 자신의 성욕 표출은 차치하고라도 스스로에게 솔직하지 않고 타자의 분방함에 혀 내두르며 공격 선봉에 나서는 다중적 모순은 또 무엇을 의미할까.

유교의 잔재니 문화의 가식이니 아니면 역사의 잦은 단절이니 하는 거창한 원인 규명은 숱한 논란거리였다. 하여 필자마저 그 위에 한몫 거들 까닭은 찾지 못한다. 다만 기왕의 엄숙주의가 성인만화에까지 덧대어져 같은 잣대로 재단되고 공격대상으로 전락하는 꼴은 '보기 힘듦'을 힘주어 말하려는 것이다.

성애와 폭력 그리고 욕설의 직접 표현은 성인만화를 지탱하는 세 개의 꼭지점이다. 그리고 더없이 지독한 순수. 그것은 이들 세 요소를 관통하는 공통의 코드다. 참지 못하여 욕하고 욕설의 난무 끝에, 아니 그 와중에 치고 박는 원색의 폭력이 등장하며 그 전후 맥락에 노골적인 섹스의 탐닉이 교차 반복하는 플롯의 전개. 매우 단순하지만 순서와 콘텐츠 차이는 있을망정 이들의 조합적 응용과 탄력적 변용이 성인만화 구성의 축을 이룬다.

만화 속 섹슈얼 러브는 그래서 전운 감도는 교전현장의 지뢰밭처럼 암묵의 무기고로 존재한다. 밟으면 이내 터지고 그렇게 매설해 놓은 자, 소기의 성과를 거두는 전술적 고려 대상으로. 한없이 향기롭고 무한히 지속될 것 같은 '덫'의 현란한 얼룩무늬도 그러나 결코 영원하진 않다는 점에서 만화인의 전략은 가혹하다. 그건 어느 새 다시 등장하는 파라다이스이자 언제 또 나타날는지 아련키만 한 실낙원이다. 게다가 죄와 가책과 수치로 얼룩진 어른들의 삶의 세계에서 순간적 도피와 구원의 모멘트로 덧없이 존재하다 이내 사라져 버리는 대목이기도 하다.

만화가 현실보다 더욱 현실적이고 현실이 만화보다 더 만화적인 경우도 '이같은 순간 이상은 없음' 또한 지나치도록 재확인하지 않았는가? 덧없기로도 이만한 게 없고 다시 기다려지기론 이처럼 감미로운 것도 없는 게 독자들의 몫이라 여기자면 너무 일방적일까. 이 점을 미리 간파하여 라인 Line의 함정으로 섹슈얼리티를 강화하고 명암과 스토리의 선정성을 심화시킨 게 바로 성인만화가들의 전략이었다 헤아리자면 그 또한 독선적일까?

필자는 성인만화의 전략, 특히 성애의 묘사과정에서 일정한 법칙성을 찾는다. 그건 물론 어떤 학문적 얼개나 이론적 합의에 따라 이루어진 예술의 절차가 아니다. 작업의 관행이자 경험의 축적물로 육체 노출은 이미 그것만으로도 시선의 나포를 예고하는 일이었다. '눈길의 사로잡음.' 그것은 사상의 삭인이나 신념의 주입보다 더 강렬한 효과를 불러일으킨다. 시각 교란을 통한 육체의 혼돈과 감각의 극한 체험이야말로 굳이 '오르가즘'이란 외래어로 표기하지 않더라도 역사와 기억으로 되새겨놓은 '혁명'과는 견주기 어려운 느낌의 전복이었으니까.

권력의 입장에서야 혹세무민하는 세인들의 행각이 언제든 탐탁지 않았다. 자신들의 심장을 향해 정면으로 칼끝 겨누는 정치적 공격이나 표현의 옆구리를 찌르는 행위나 불편하긴 마찬가지였다. 무엇보다 법체계를 전면 능멸하는 행위가 임의 횡행하고 규범적 공포효과를 도무지 인정하지 않는 감각적 도발이야말로 권력으로서 바로 쳐다보기 괴로운 일이었다.

게다가 권력의 폐부를 찌르는 표현의 반란이 반복되고 끝내 가리고픈 자신들의 섹슈얼 러브가 여지없이 노출되는 모습까지 감내하는 일이란 여간하여 견디기 힘든 노릇 아니었을까. 법을 능멸하지 않아도, 굳이 권력의 숨은 비리와 타락을 까발리는 표현의 혁명이 아니었어도 만화작업에서 육체의 향연이 내뿜는 기운은 그렇게 강했다. 엄밀히 따지자면 만화의 선이 그리려는 섹슈얼리티라는 것이 하드코어의 저기갈스런 살들의 충돌이나 허걱대며 뒹굴다 끝내 단발마로 토해내는 욕정의 파편만큼이야 어디 원색적 충격을 고스란히 전달하겠는가. 생생한 감동과 현장의 다이나미티를 입체적으로 표현하는 대목에서랴.

차라리 회화나 사진으로 그려내는 성애의 작업이 사실성으로 측정하자면야 어느 것도 따라올 리 없는 이치인 것은 시비 걸 일조차 아닐 것이다. 그럼에도 불구하고 만화만이 표현할 수 있고 만화만이 확보하는 특장의 요소는 곧 성인만화를 포함한 모든 장르 만화를 지탱하는 예술자원으로 엄존한다. 그건 뭘까?

동영상만큼 확연하지 않아도 충분히 구체적이며 하드코어만큼 현란하지 않아도 얼마든지 화려한 저 건전한 원시성이야말로 우선의 장점일 것이다. 애당초 초정밀과학과 고급예술의 힘을 빌려 출발한 장르가 아니었기에 신Scene과 신의 연결을 동영상이 갖는 착시효과만큼 기대어 감동의 지탱점을 확보할 만화가 아니었다. 프레임Frame과 프레임 사이의 스토리를 상상으로 대체하고 그 '있었을 법한' 이야기와 장면들을 생각으로 대신해도 충분히 전후 맥락이 통하는 구조 역시 외면 못 할 만화의 강점이었다.

프레임 사이를 가르고 잇는 극적 긴장의 간헐적 고조와 이완장치를 지뢰처럼 파묻을 넓은 창작의 텃밭도 만화만이 갖는 저력은 아니었을까. 섹슈얼 러브도 절차가 있듯 묘사과정과 전개에도 작가들은 피하지 못할 몇 단계 프로세스 속으로 몰입해 가고 있었다. 뜯어보면 매우 정밀하고 견고한 요새의 벽돌처럼 그것들은 앞뒤 장면들과 나란히 그리고 튼실히 포개지고 있었다.

생략과 비약을 밥 먹듯 되풀이해도 이야기 틀과 맥락이 얼마든지 지속되는 게 만화만의 매력이다. 만화 일반의 특징이 그러할진대 성인만화 역시 예외일 수는 없다. 성애 표현과 그 묘사 역시 이를 벗어나진 않는다. 독자 유인의 전략으로든 아니면 흥미유발과 심화를 겨냥한 작가들의 매설물로든 성애 묘사는 몇 단계 절차를 거치며 독자적인 정치성을 발휘한다.

유혹의 선묘와 시각적 향유 장치 도모, 동작의 허구적 과장과 대사 증폭, 극적 긴장 고조와 육욕 발산의 극치상황 도입, 욕정의 소진과 재기 가능성 인입 등이 바로 그것이다. 이들 네 가지 절차는 물론 조합적으로 응용된다. 앞의 두 단계가 묶여 처리되기도 하고 마지막 절차가 생략되는 등 작가의 개성과 창작 관행에 따라 성애 묘사는 탄력적으로 분산 처리된다.

이들 절차가 성인만화의 밀림 속에서 각기 어떻게 반복 응용되고 있는지 잘 들여다 볼 필요가 있다는 게 필자의 생각이다. 그리고 독특한 정치성과 감각적 영향력이 독자들의 시지각을 어떻게 붙잡는지, 스토리의 연결고리에 힘을 더하고 때로 빼는지 주목하는 일은 의미를 갖는다고 본다.

해변의 모래알처럼 숱하게 펼쳐지는 이 땅의 성인만화와 그 속에서 꿈틀대는 욕정의 장면들을 평균화하기란 힘겹다. 그러나 만화의 다양한 선묘 가운데 성애의 표현절차와 유형을 선별, 서로 비교해 보는 일은 흥미롭다. 널리 알려져 있듯 만화의 선은 간결하다. 과잉 단순화된 선들은 때로 실제계의 복합태를 너무나 쉽게 잊게 할 만큼 간단한 게 특징이다. 그래서 쉽고 그리하여 만만치 않은 게 만화다.

만화처럼만 되어 가면야 오죽 좋을 일이겠는가. 그렇질 않아 탈인 게 세상사다. 그럼에도 불구하고 작가들은 복잡계를 쉽게 풀어내는 재주를 무릅쓰고 있으니 이 장르는 간단치 않은 셈이다. 뜨겁고 격한 감정으로 일관해야 하는 성애 장면들도 이처럼 선으로 냉각시키고 스토리에 정욕을 넣어 단순화시키는 테크닉 빼고는 어느덧 존립할 수 없게 된 것이 현실이다.

유혹하고 탐닉케 만드는 선묘절차는 그럼 어떻게 진행되는 걸까. 성애의 도입부 역시 시각의 전희로부터 출발하는 게 관례다. 작가에 따라서는 곧바로 섹슈얼 러브의 삽입 동작 묘사에 집중하는 경우도 있다. 절차와 순서라는 게 합의된 일이 아닌 한, 이를 말릴 방법도 없다. 그러나 대부분의 경우 만화에서의 '전희'는 생략되지 않는다. 그것은 성인만화의 다른 구성분과 대등한 '장르 속 장르'를 이루며 다음 장면의 독파를 유인하는 필연의 함정으로 존재한다.

다음 일곱 가지 예는 무작위로 선별한 성인만화의 전희 유형과 선묘법들이다. 물론 이같은 평면 나열과 단순 비교만으로 만화적 전희가 발동하는 시각효과와 영향력을 견주어 보기란 물리적으로 힘겹다. 하지만 작가의 만화적 상상과 실제가 성애의 향유를 앞두고 어떤 모습을 갖추는지는 이들만으로도 충분히 헤아릴 수 있다. 비록 차갑게 정지되어 있는 몇 컷의 스틸일지라도.

얼떨결에 훔쳐보는 제3의 나신보다 작정하고 벗는 대상의 누디티Nudity가 더욱 고혹적인 것은 비단 그 속에 깃든 '예술성' 때문만이 아니다. 예술적 멋스러움이나 거기서 우러나는 감동이야 관찰자 본인이 느끼는 주관적 감각 결과일 뿐, 그걸 정확히 객관화하기란 힘든 일이다. 육신의 벗은 상태, 즉 '그것'이 더워서 벗은 옷도 아니고 씻으려고 벗어던져 고스란히 드러난 몸도 아니라면 얘긴 달라진다. 흔히 다 같이 '벗겨진 몸'이어도 '네이키드Naked'와 '누드Nude'의 차이를 '벗게 된' 동기 차이에서 확연히 구분할 수 있을 때 우리는 후자에 스며드는 유별난 요소를 '유혹'에서 찾는다.

'누드'가 단순한 '네이키드'보다 힘을 얻는 것은 바로 이 동기 자체가 갖는 절박함이 예술성을 갖거나 치명적 에너지를 '보는 대상'에게 전달할 때다. 그리고 유혹이 더욱 강한 광채를 드러내는 경우란 그 빛의 갈기에 얻어맞아 아무 대책없이 보는 이의 시선과 시각의 주체성이 무너져내리는 '때'

다. 작정하고 벗은 몸 앞에서 더 크게 작심하고 이겨내겠다는 무슨 종교적 고결함이나 예외적 흔적들로 단독 극복의 위업을 뽐내겠다면 모를까, 빛나는 육신의 파편에 맞아 잠시를 헤매는 일이야 기왕에 눈돌린 죄악의 얼룩과 세상 구린내를 감안하면 차라리 또 하나의 도피처로 작동한다.

⊙ 성기의 희석과 유방의 부각

조성빈, 『大物』 제3권 10쪽.

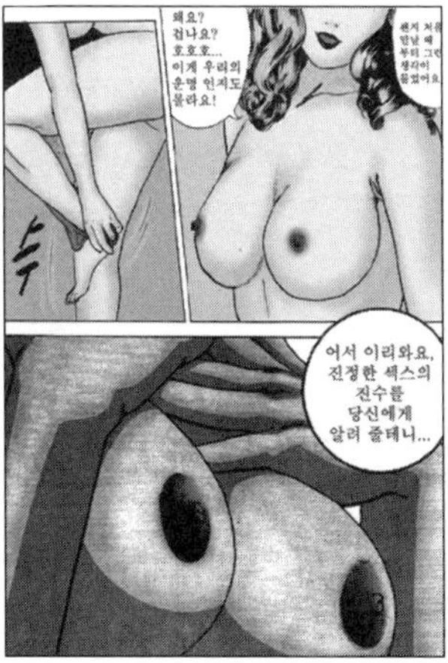

조성빈, 『섹시얼라이프』 제2화 126쪽.

⊙ 팬티와 가슴의 동시노출

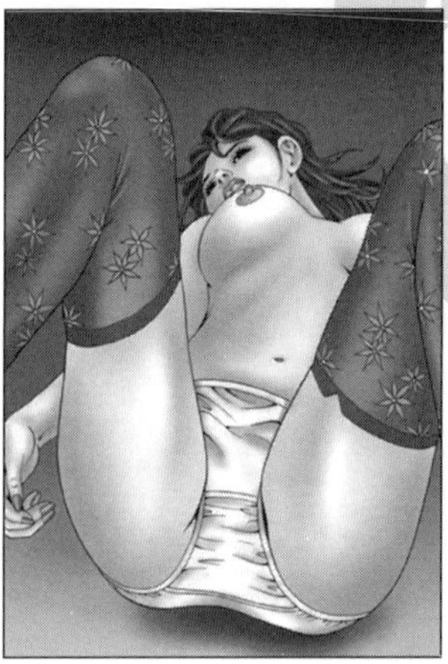

육제, 『색고달녀』 제2화 1쪽.

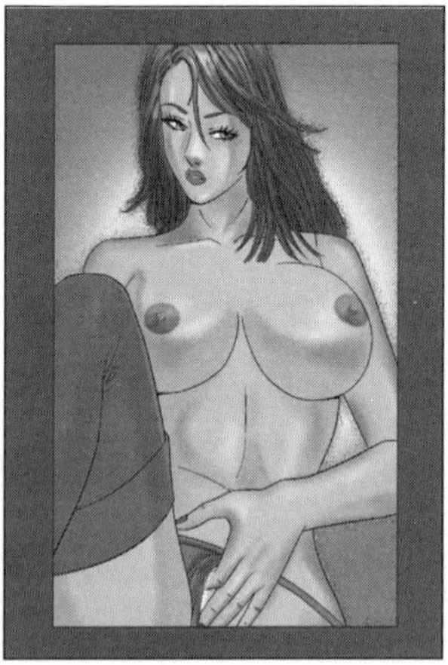

육제, 『이웃집 여인』 제1화 67쪽.

⊙ 후면 누드와 측면 노출

조성빈, 『大物』 제1권 155쪽.

조성빈, 『大物』 제1권 73쪽.

⊙ '벗겨진 팬티' 혹은 '란제리'의 중간 걸침

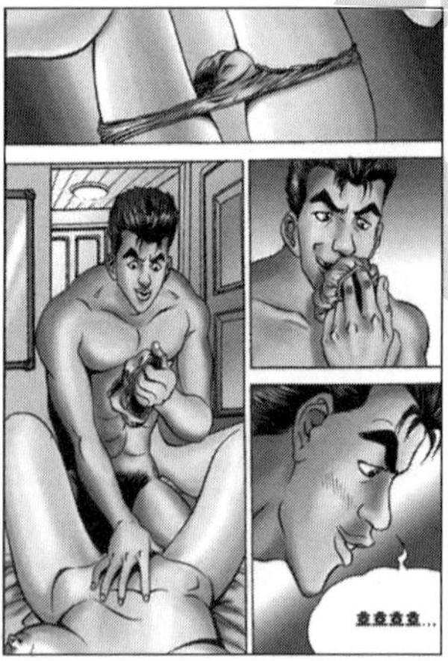

정낙원, 『바꿔타는 남자』 제4화 3쪽.

정낙원, 『바꿔타는 남자』 제3화 15쪽.

⊙ 표정의 정치 : 시선의 과잉 · 욕정의 걸신(乞神) / 남성
⇒ 능글맞음 · 협박 · 폭력 · 야비
방어의 포기 · 상대의 수용 / 여성
⇒ 체념 · 입술 깨물기 · 돌아눕기

조성빈, 『大物』 제10권 161쪽.

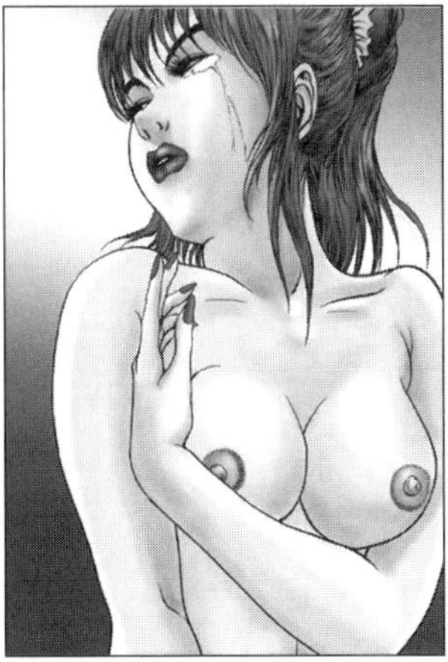

정낙원, 『바꿔타는 남자』 제4화 1쪽.

⊙ 유혹의 작정 : 에나멜 손톱의 광기 · 유두노출 · 섹스 직전의 마지막 유인

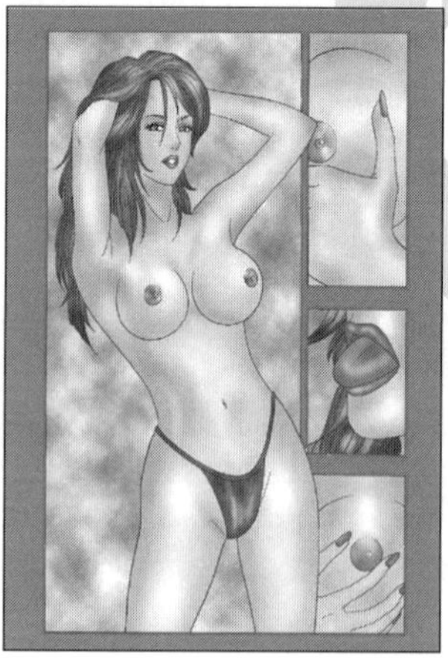

육제, 『이웃집 여인』 제2화 11쪽.

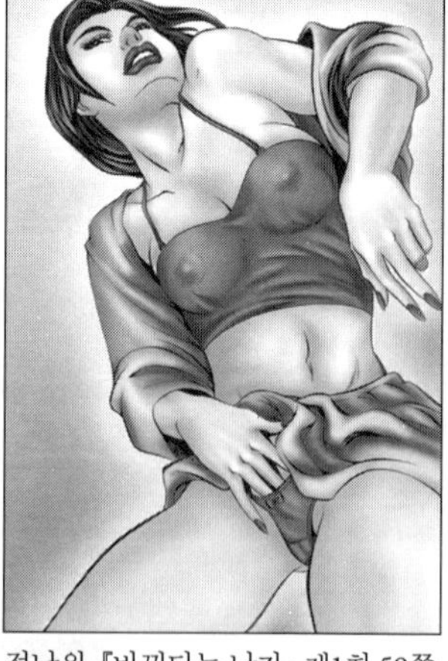

정낙원, 『바꿔타는 남자』 제1화 59쪽.

⊙ 육체 그 자체의 현시 : 풍만 · 균형 · 등신(等身) → 간접유혹

육제, 『색고달녀』 제1화 160쪽.

조성빈, 『섹시얼라이프』 제1화 74쪽.

유혹의 '정치성'이란 곧 유혹 주체가 기어이 대상을 함몰시키겠다는 사적 동기로 넘쳐날 때 더욱 빛나지 않는가? 자빠지든 엎어지든 어떻게 무너져 내릴지는 여기서 전혀 중요하지 않다. 무너질 것 같지 않던 상대가 전혀 무너져 내릴 것 같지 않은 계기에 초라한 몰골을 드러낼 때 상대의 정치성은 빛나는 법이다碧溪水보다 黃眞伊가 더 센 정치력을 갖는 것도 이런 경우다.

위의 몇 가지 '박스 신Box Scene' 들도 결국 유혹의 함정과 동반 향유의 대열에 독자들을 효율적으로 밀어넣고자 의도한 정치적 판단결과가 아니었을까. 아직 충분히 달아오르진 않았으되 이쯤에서 다음 단계의 쾌락도 쉽게 잊도록 만드는 건 곧 선의 유혹과 무의식적 현혹이 빚어낸 대가였으리라.

그러나 또 다시 흥분하진 말자. 이 정도 선묘가 주는 유혹의 정치력에 모랄리티의 칼날과 윤리의 염주알 들어 손사래칠 일은 아니지 않겠는가. 어차피 시작한 선의 냄새가 분홍도 아닌 선홍鮮紅의 '그것'이라 하여 다시금 근엄한 잿빛 논리로 작가의 자존과 표현의 자유를 넘볼 일이겠는가. 그보다는 차라리 만화 그 자체에 빠져 볼 일이다. 성애의 표현을 둘러싼 작가의 정치적 의도가 본격적으로 머무는 대상은 물론 열락의 절정기 혹은 그 전후로 집중된다. 특히 남녀의 감각적 욕정이 교환되는 방식과 시각적 쾌락의 주입 의지는 각기의 대목에서 명료해진다.

그것은 단순히 보여주기 위한 의도로 넘치는 누드 일반의 범주를 훌쩍 넘어선다. 그리하여 최소 표현으로 최대의 긴장을 유도하고 잔영효과가 독자의 무의식과 의식 속으로 동시에 감정이입되도록 미술적 자극을 가하는 데 모아진다. 누드에서 촉발된 시지각의 원색적 충동과 이를 단순히 예술로만 감상하는 것으로는 불만스런 잠재의식 일부가 억제의 사슬을 끊는 데 서로 쉽게 합의할 때 문제는 새로운 단계로 진입한다. 이름하여 누드와 포르노그라피의 무의식적 영토 확장 혹은 의식적 경계 분쟁이 발생하는 것이다.

엄밀히 따지자면 묘사능력이 없기에 암전과 생략으로 성기의 표현을 피하려 했던 게 아니다. 여러 가지 변수를 생각하지 않으면 살아남기 힘들다는 절박한 판단이 표현을 방해하고 이 땅에 뿌리 깊이 퍼져 있는 성기 콤플렉스로부터 작가들마저 끝내 자유롭지 못했던 게 비극이라면 비극이었을 것이다.

19 주

1_ 정종진, 『한국 현대문학의 성 표현 방법』(서울 : 태학사, 1997), p. 72.

2_ *Ibid.*

3_ *Ibid.*, p. 88.

4_ 타자에 의한 칭송과 비판보다 동지들에 의한 객관적 평가가 돋보이는 다음 작업들은 학제 간 연구 부진과 무관심은 차치하고라도 인문학과 사회과학 보편이 눈여겨 보아야 할 대목이다. 나예리(외) 17인 지음, 『만화가가 말하는 만화가 : 17명의 만화가들이 솔직하게 털어놓은 만화가의 세계』(서울 : 부 · 키, 2006); 장상용, 『한국대표만화가 18명의 감동적인 이야기 I』 · 『한국대표만화가 18명의 감동적인 이야기 II』(서울 : 크림슨, 2004).

과장과 증폭

| 누드와 포르노그라피의 사이

누디티의 일방적 향유만으로 감상의 목적을 접을 수는 없는 경계선을 넘을 때부터 성인만화의 박진감은 더해간다. 그것을 구태여 '포르노그라피티'라 이름붙이지 않아도 본능의 시지각 역시 원색적이고 더 깊은 곳을 지향하려는 모종의 충동에 '사로잡힘'은 극히 자연스런 일이 되어버렸다. 소프트코어만으로는 만족하지 못하는 욕망의 더듬이는 그래서 작가의 능력과 한계를 부단히 시험한다.

그러나 거듭 짚건대 그리지 못하여 안 그린 게 아니었다. 능력과 의지는 애당초 따로 갈 수밖에 없는 문화구조를 이겨내야 했던 땅이 바로 여기였으니까. 대중이 그리워하고 독자들이 감각적으로 갈구하는 '것들' 조차 선묘로 드러내지 못할 정도라면 작가의 라벨이란 반납해야 할 일이었을 것이다. 분명히 해두자. 그리자고 덤비면아니 굳이 덤빌 필요 없이도 징그러울 정도로 그릴 수 있는 이들이 이 나라 작가들이고 참아내자 작정하면 끝도 없이 견딜 수 있는 이들 또한 이 땅의 성인만화가들이다.

극단적으로 말해 신체의 완전 노출 없이 성애를 말하려 함은 성애 그 자체에 대한 모독이자 방해다. 성별 구분 없이 성애의 시작과 끝을 보여주고자 한다면 당연히 성행위 주체가 성애의 의지와 욕구를 드러내려는 대목, 즉 신체 각 부위의 움직임과 섹슈얼 포지션은 전면 공개되어야 마땅했다. 하지만 세상의 이치가 어디 예술과 문화의 속사정 깊이 보아준 적 있었던가. 게다가 자기 주장과 진술의 사회적 적실성 검토에 앞서 발설 이후 야기될 반응과 항변의 메시지를 미리 염려하는 정치적 판단 속에서 페미니즘의 '핏대'를 먼저 의식하고 권력의 '검열' 또한 신경 쓰는 일은 당연하지 않았는가. 그것도 소극적 문예공간 속에서.

성기性器의 솔직한 표현을 억제해야 할 작가적 부담이 문제였다. 다른 '것', 다른 '곳'은 몰라도 '그것'·'그곳'만큼은 끝까지 허락할 수 없다는 권력의 경고가 끝내 폭력으로 다가설 때 일방의 기운을 이겨낼 대항력은 적어도 만화진영의 대동단결로 도모할 일이 아니었다. 만화만의 일이 아니기도 했고 쉽게 저항하여 금세 쟁취할 전리품도 아니었던 게 바로 '성기' 였다.

그때 그것은 일상으로 매달려 있는 생식기나 몸 속 깊이 서려 있는 배뇨의 도구로 되살아나지 않는다. 누구나 갖고 있는 보편의 기관이되 찰나의 행복으로 허무를 요구하는 또 하나의 덧없음마냥 새삼스레 다가온다. 더없는 순간의 즐거움을 무슨 형벌처럼 요구하는 죽음의 영장으로 변모하는 것이다. 육신을 오그라뜨리고 의식의 땅끝 사정 없이 잡아채는 포효 현장이 하필 침대든 이부자리든 엉망으로 구겨놓은들 섹스라면 티슈 없이도 얼마든지 치러낼 환상의 제전은 아니었을까. 시들해진 제물로든 살아나는 욕정의 도구로든 그래도 끝없이 좋다며 그놈의 허무 쓸어내리고 다음을 기약하는 몸 한 구석, 자신의 정체를 확인시켜 주는 건 외로워도 슬퍼도 늘 같이 붙어다니는 그것 때문 아니었을까.

하지만 그 행복 그 즐거움이 아무리 태산 같다 하여도 그걸 쉬이 보여주거나 보려듦은 세상 질서란 핑계 앞에서 주눅들 일이었다. 그럼에도 불구하고 이를 한사코 무릅쓰려 함은 또 어떤 대가를 감안해야 했을까. 성기의 문예적 '드러남' 에 유난히도 거부감을 갖는 우리의 경우, 외국 작품 검열은 물론 국내 작품에서도 체모體毛의 현시와 성기 노출은 당국이 인내할 만한 레드라인을 넘어서는 일들이었다. 정치권력과 행정권력을 상대로 한 문예진영의 긴장 조성이 그러나 성기를 중심으로바로 그것 때문에 확산되거나 일대 항전의 계기로 악화되는 경우란 극히 드물었다.

때로 저항하거나 순종하는 상황 속에서도 성인만화는 이제 '결사항전' 부르짖는 전사의 입장보다 도피와 체념을 골자로 삼는 명민한 문화 단위로 정착했다. 대들고 부르짖으며 세를 키우기보다 알아서 자제하려는 유연함 속에서 그들은 자존의 영토를 지키고자 몸부림치고 있다.

그러나 '성기'를 그려내야 함에도 자발적으로 회피하고 용케도 견대내고 있는 사정인즉슨 뭘까. 그건 곧 국가폭력과의 갈등을 자초하지 않으려는 합리적 선택결과였다는 데 애처로움은 커진다. 일상의 삶에서야 물론 확고한 '가림'이 전혀 문제되지 않지만아니 극히 당연하지만 성애의 현장과 표현과정에서도 숨기고 억제해야 한다는 데 새삼스러움은 깊어진다. 생각해 보자. 세상에 옷 입고 샤워할 사람 없듯 사랑의 원색적 표현 현장에서 가리고 덧대며 자신의 성기를 숨길 사람이 있겠는지.

성기 그 자체야 무슨 죄가 있었겠는가. 세상에 '그것'을 드러내는 방식과 계제階梯가 문제였을 것이다. 그렇다면 그 자체만 놓고 논의라도 했어야 할 일 아닐까. 본능적 위무라는 저 철저한 개인적 '즐거움'과 사회통제라는 이름의 정치적 '필요'가 서로 뒤섞이는 상황도 문제였을 것이다. 하지만 심각했던 건 예술 속까지 권력이 파고들며 사법적 단죄의 칼날을 곧추 세우되 '드러나는 성기'에 구태여 그 끝을 겨누려 들던 기이한 오만이었다.

이른바 '에로티카'라는 국민의 성본능 향유가 성애의 순기능 영역을 떠나 행여 사회적으로 문제될까 두려워 국가권력이 나서는 우는 범하지 말 일이었다. 인간의 의식과 무의식 일부가 '붉다'고 하여 세상이 더럽혀질까 염려하는 발상은 정치적 경계 치곤 분명 지나친 일이었다. 게다가 예술마저 핑크 사회의 조류를 타고, 아니 예술 그 자체가 세상의 들뜬 흐름을 선도하는 잠재적 주역이 될까 봐 감시와 처벌의 공포 효과를 예비하려 했음은 그것만으로도 문화 파시즘의 징조였다.

성기 없는 성행위가 불가능하듯 성기와 성애의 관계를 예술적으로 분리한다는 것도 힘겨운 일이었다. 리얼리즘은 물론이요, 꼭 그렇지 않더라도 권력의 성 정치적 개입이란 것이 과학적 기준과 객관적 잣대를 들이밀며 단행되는 건 애당초 아니었다. 하물며 그 도도한 권력의 폭력화 경향이나 준엄한 현실[1]에 모든 만화작가들이 죽기를 각오하고 피의 대오를 엮은 건 더더욱 아니지 않았는가.

성기 없는 표현 혹은 그 배제의 정치학을 전면 부정하며 덤벼들 예술진영의 대동단결도 기대하긴 힘들었다. 그 에너지조차 만화 외부에서 공급받거나 또 재생산할 사단도 끝내 아니었다는 데 주목하고 보면 예술진영 내부의 성 정치적 가치박탈은 도리어 서로를 어루만지고 위로할 공시적 관심 대상이기도 했다. 표현의 오브제로 성기의 정치적 민감함이야 물론 감각과 본능 세계를 떠나 언급할 일은 아니었다. 굳이 문제가 된다면 그 부위만 도려내거나 뭉갬으로써 세상은 다시 조용해지고 있었다. 게다가 그 때문에 작가적 생업의 근본마저 뒤흔들 일이 아니었다면 한사코 표현의 항변을 되풀이할 작가의 호기豪氣란 것도 폭넓게 퍼져나가진 않았다.

그렇다면 성기의 표현 생략이나 전면적 배제란 곧 이 나라 작가들의 정치적 패배를 의미하는 걸까. 제아무리 '공격성' 하나로 무장한 문화전사들이었다 한들, 그들 모두에게 전통의 더께와 인습의 틀을 무너뜨려 달라 은근한 기대를 걸 순 없는 노릇이었다. 저 못 말릴 의식의 이중성과 감각의 비열함까지 모두 싸잡아 이 땅에서 그것들을 단호히 걷어내고 새로운 감동적 소프트웨어의 등장을 기다리기란 위선적인 일일 따름이었다.

근본을 뒤바꾸진 못할망정 뒤흔들고 두드리며 방향타의 새로운 중심을 찾으려는 몸부림은 계속되고 있었다. 그것은 제도와 권력이 만들어 놓은 구속 틀과 사회통념이 옭아맨 인습의 울타리를 전면 파쇄하지 않은 채 벽과 울타리 끝을 한도 없이 갉고 파들어 가는 소극적 자유 신장의 모습이었다. 안 보면 때로 위반하고 죽더라도 일단은 대들고 보자는 저항의 모습도 이따금 보였지만 그걸로 전체를 뒤바꾸기란 어림없는 노릇이었다.

하지만 주어진 자유의 폭을 최대한 넓히려는 작가적 노력은 사법제재를 피하려는 울타리 끝에서부터 흥행과 판매를 극대화시킬 이야기 구조까지 다양하게 구사되고 있다. 무엇보다 표현의 한계를 관리 · 감시하려는 감독관청이 사법폭력의 예고와 실행을 확실하게 담보하는 한, 만화 속 섹슈얼 러브를 입체화하거나 예술적 독립 장르로 안착되길 기대하기란 힘겨운 일이다.

작가들만의 노력으로 대중들의 성 의식에 깃든 다중적 음험함을 교화하기란 역부족이다. 경우에 따라서는 독자들이 무슨 죄냐고 되튕길 수도 있을 것이다. 문화 콘텐츠 수준은 차치하고라도 이미 장르가 되어버린 성인만화가 대중을 거칠게 오도하고 있다는 반론도 힘을 얻을 수 있기 때문이다. 그러나 작품들 대부분이 진정성의 대상이라기보다 감각적 흥미와 자본의 단기 동원이란 목적에 충실하려는 대량생산에 맞춰져 있었던 데 주목하고 보면 이제 시장은 무엇을 준비해야 하는지 분명해진다.

작가들은 이미 알고 있었다. 어떻게 하면 많이 팔릴 수 있는지를. 그럼에도 불구하고 판매량이 답보하고 있고 후발 작품들은 끝없이 쏟아져 나오고 있는 저 기이한 모순이 세상 속 다른 그것과 어떻게 맞물려 돌아가는지를. 엄밀히 따지자면 알면서도 어쩌지 못하고 있었던 건 '패배'가 아니었다.

'잠행'과 '관망.' 그것이 실체에 가까웠을 터이다. 예술의 외피 안에 스스로를 묻어도 모순의 속내를 녹여낼 재간이 없다면 이른바 질서를 핑계 삼아 작품 제작과 유통 전 부문을 통제하려는 당국을 향해 보다 정교하게 대응해야 했던 건 아니었을까.

충돌과 갈등의 대가가 작가의 자존이나 활동 그 자체를 포함한 생계영역까지 건드릴 모종의 사회적 파국을 암시한다면 두려움으로 먼저 멈칫하지 않기란 어려울 것이리라. 쌓아놓은 탑이 알록달록한 돌멩이 몇 개로 무너진다면 처음부터 새로 쌓기보다 덜어내고 참아내며 외면하는 감내의 절차가 더 적합했던 건 이 땅에서 작가로 살아남기 위한 사회적 요령 같은 게 아니었을까.

사고의 치밀이 작가세계에서마저 합리적 선택을 유도하는 동안 표현의 당연한 대상들이 뭉개지며 끝내 기형의 모습을 갖추게 된 것도 정교히 따지고 보면 작가의 영역을 넘어서는 문제다. 국가권력과 독자들의 책임 전가가 작가의 의지를 손상하고 작업 열기를 위축시킨 밑바탕임을 우리는 왜 곧잘 잊고 마는 걸까. 그리하여 덧없는 돌팔매와 메마른 화살촉에 무책임의 독물 묻혀 어쩌자고 작가들만 애꿎게 나무라며 장르 그 자체를 매도하는 데 서슴없었던 걸까.

극단적으로 보자면 묘사의 한계영역 안쪽, 그러니까 법과 규범이 허용하는 표현의 울타리 변방에서 최대한 자유롭기 위해 몸부림치는 일은 영토 확장과 붕괴와는 거리가 먼 일종의 준법투쟁 같은 일들이었다. 작가들 모두가 성애 표현에 집착하진 않았지만 그들 대부분 묘사의 극한 영역에서 머뭇거렸던 건 그 역시 어쩌지 못할 사회적 존재요, 정치적 동물로 자신을 되새겨야 했던 탓이다.

독자들과 세상 모두는 결국 낮은 밀도의 성애 표현과 그로 인한 감각적 어눌함을 이겨내야 할 일들이었다. 암전 혹은 희석, 생략 아니면 도약, 표현 아니면 억제? 둘 가운데 하나만 있었을 뿐, 아니 두 경우 모두 참아내거나 정반대 상황을 꿈꾸는 가운데 섹슈얼 러브는 여전히 당당하거나 떳떳치 못한 '짓' 으로 변모해 가고 있었다.

성애의 문예적 표현과 그 결과물을 놓고 권력이 간섭 · 통제하려 드는 최대의 빌미는 곧 자라나는 세대에게 미칠 영향과 현저한 성적 수치심에 고통당할 독자들의 입장이다. 두 가지 명분은 곧 정치권력과 행정권력의 성 통제를 강고히 두둔하는 핑계다. 이것만으로도 가능한 통제의 허구성은 그러니까 성애의 밝고 활력적인 행복 유발기능을 전면 배제해 버린다. 물론 이들 두 축 말고도 세상을 향해 권력이 내지르는 윤리의 잣대는 높고 준엄하다.[2]

섹슈얼 러브가 제아무리 개인의 삶의 희열과 즐거움을 배가시키는 긍정적 요인이라 한들 소리쳐 외치고 드러내며 자지러질 환희의 행각은 아니지 않느냐는 반문도 힘을 얻는

다. 권력의 정당성이 질서유지와 행복의 증진으로 맞춰진다 해도 국가가 개인적 성욕 발산에까지 책임질 필요는 없다는 면피의 논리도 여기서 그 폭을 넓힌다. 성적 무질서가 세상을 교란시켜서는 안 된다는 도덕적 원론과 윤리적 책무를 주지시키며 다만 통제의 예고만을 반복해야 한다는 의무 확인과 함께.

하지만 다시 생각해 보자. 권력이 해이하고 정당성을 잃을 정도로 무능하며 국민의 기본 관심조차 부각 · 해결하지 못할 만큼 정치적 한계를 노골적으로 드러낼 경우에도 성 통제의 효율성은 높아져야만 하는지를. 아울러 파고들어가 보자. 유독 신체부위의 어느 특정 대상이 문제된다고 하여 그마저 통제 사슬을 휘두르며 만화를 다스리고 묘사방법 때문에 도덕적 시비를 가려야 하는지를.

정말 그 일은 그렇게도 심각하며 중요했던 걸까. 청소년 교육과 성적 수치심 유발이 아무리 큰 의미를 갖는다 하더라도 만화마저 어쩌겠다고 나서는 권력의 과업은 자기 도덕률 강화와 정체성 확인의 의무이행보다 더 큰 일이었을까. 그래서 법을 만들고 그것도 모자라 시행령과 단속 세칙까지 완비하려는 예외적 성실성을 도모하려 했던 걸까. 사법 당국의 통제는 작가의 묘사가 어떤 디테일로 나가야만 하는지까지 못 박진 않는다. 그것은 차마 제도로 규정할 문제가 아니라는 그나마 자각하고 숙고한 결과였을 것이다. 하지만 자신의 허물을 가리고 책망 대상을 타자의 그것으로 돌려놓기 위해 민중의 부도덕만큼 효과적인 혐의는 없다는 데 권력은 착안하고 있었다.

'음란'이란 핑계로 성인만화의 독립성과 예술성을 옥죌 수 있는 사법적 빌미에 관해서는 앞서 살펴본 바 있다. 여기서는 법 집행의 구체적 계기와 사법폭력의 운용을 앞당길 표현의 함정을 알아보자. 이름하여 '출판 및 인쇄진흥법 시행령' 중 음란한 표현을 벌할 기준은 다음과 같이 펼쳐진다.

제13조 (유해성 심의의 세부 기준)

법 제19조제4항의 규정에 의한 간행물의 유해성 심의에 관한 세부 심의기준은 별표 1과 같다.

[별표 1]

간행물 유해성 세부심의기준(제13조 관련)

2. 음란한 내용을 노골적으로 묘사하여 사회의 건전한 성도덕을 뚜렷이 해치는 것

가. 남녀의 성기나 음모를 노골적으로 노출시키거나 성행위 및 성기 애무장면을 극히 음란하게 묘사하여 정상인의 성적 수치심을 현저하게 유발하는 것

나. 수간 · 시간 · 혼음 · 가학성 · 피학성 · 음란증 등 각종 변태적 행위와 근친상간 등을 흥미 위주로 극히 음란하게 묘사하여 인간 존엄성과 성윤리를 현저히 왜곡하는 것

다. 강간, 윤간 등의 성범죄를 극히 음란하게 묘사하여 선량한 성적 도의 관념에 반하는 것

제2장 유해간행물 심의기준

제2조 (유해간행물 심의기준)

① 간행물의 내용이 사회 통념에 비추어 반국가성, 음란성, 또는 반사회성 등의 정도가 극히 심하여 사회 전반 에 해악을 미칠 우려가 있는 간행물은 출판및인쇄진흥법 제19조제1항 및 동법시행령 제13조가 규정한 유해간행물로 판단한다.

③ 음란한 내용을 노골적으로 묘사하여 사회의 건전한 성도덕을 뚜렷이 해치는 다음 각 호의 1에 해당하는 것은 유해간행물로 판단한다.

1. 직계 존 · 비속 등의 근친상간을 흥미위주로 극히 음란하게 묘사하여 인간의 존엄성 을 해치고 성윤리를 현저하게 왜곡하는 것
2. 혼음 · 가학 · 피학성 음란증 등 각종 변태적 성행위를 극히 음란하고 구체적으로 묘사하여 일반인의 성적 수치심을 현저히 불러일으키는 것
3. 수간 · 시간 등을 흥미 위주로 극히 음란하게 상세하게 묘사하여 인간의 존엄성을 뚜렷이 해치는 것
4. 강간 · 윤간 등 성폭력 행위를 흥미위주로 음란하고 구체적으로 묘사하여 선량한 성적 도의관념에 반하는 것
5. 남녀의 성기나 음모를 노골적으로 노출시키며 성행위 및 성기애무 장면을 음란하게 묘사하여 일반인의 성적 수치심을 현저히 불러일으키는 것

제4조 (선정성 등)

청소년에게 성적 충동 또는 성적 수치심을 자극하는 다음 각 호의 1에 해당하는 내용이 표현된 것은 청소년유해간행물로 판단한다.

1. 남녀의 둔부 또는 여성의 가슴을 의도적으로 노출시킨 채 선정적인 자태를 취한 것
2. 남녀의 성기 · 국소부위 체모 또는 항문(이하 '남녀의 성기 등'이라 한다)이 노출 되거나 투명한 의상 등을 통해 확연하게 비치는 것
3. 착의 상태라도 근접촬영 등으로 남녀의 성기 등이 지나치게 강조되어 윤곽 또는 굴곡이 선정적으로 드러난 것
4. 이성 또는 동성 간의 성행위 · 구강성교 · 성기 애무 등 성행위 및 유사성행위를 구체적으로 묘사한 것
5. 신체의 일부 또는 성 기구를 이용한 자위행위를 직접적이고 구체적으로 묘사한 것
6. 가학성 · 피학성 음란증 · 혼음 · 수간 · 시간 · 관음증 등 변태 성행위를 흥미 위주로 묘사한 것
7. 성교육 등을 위해 필요한 경우라도 상업적으로 성 관련 사진 · 그림 · 내용 · 기법 등을 지나치게 흥미위주로 과다하게 묘사 · 수록한 것
8. 남녀의 성기 등을 저속하게 표현하고 저속한 대사나 욕설 · 음담패설을 남용하는 것
9. 매매춘 등 불법적인 성행위를 구체적으로 묘사한 것
10. 방뇨 · 배설시의 오물 · 정액 · 여성 생리 등을 극히 사실적으로 묘사하여 혐오감을 주는 것

11. 여성의 출산 · 낙태 등의 의료행위를 흥미 위주로 왜곡하여 혐오감을 주는 것
12. 여성을 성적 대상으로만 묘사하거나 상품화하여 건전한 성의식을 왜곡하는 것
13. 노골적인 성적 대화나 음란행위 등을 구체적으로 기술하는 것
14. 남녀 자위용품 사진과 사용법 등을 구체적으로 기술한 성기구 광고를 게재한 것
15. 기타 청소년에게 성적 충동 또는 성적 수치심을 자극하여 청소년의 건전한 성 의식 형성을 저해할 우려가 있는 것

출처 : http://www.kpec.or.kr/html/law_07/law01_02.asp#13
출처 : http://www.kpec.or.kr/html/law_07/law01_02.asp#table01

이 대목에 이르러 다시 꺼내야 할 화두는 이런 게 아닐까? "도대체 국가는 언제까지 '음란'을 꼬투리 삼아 예술에 간섭할 것인가", "어느 날까지 우리는 반음란의 강박에 시달리며 '눈치의 표현'에 압박당해야 하는가", "권력의 허구와 자기 모순을 은폐하려는 도구가 되든 아니면 질서 도모의 핑계가 되든 육체의 표현에 위 · 아래 부위가 달라야 하고 묘사 깊이에 얕고 그렇지 않음이 차이가 있어야 하는 까닭은 도무지 어디에 있는 것일까", "성기의 표현미학이 따로 마련되어야 할 이유가 분명하다면 이를 사회교육적으로 쉽게 설명할 방법은 정말 묘연한 걸까", "어느 경우에도 성기의 드

러냄은 정치적 반란이며 반사회 · 반문화적 일탈행위로 매도할 일인가."

이 물음 앞에만 서면 누구도 보편의 답을 기대하진 않는다. 너무나 식상하여 무감각해져 버렸고 지나친 흥미유발과 집중은 되레 새로운 음모 획책과 기도로 오인된다. 하지만 통제 당사자에게 대중적 교화임무까지 부여할 수 없다면 문화의 진전을 도모하는 예술진영의 사회적 책무는 분명 그만큼 늘어나는 셈이다.

법과 권력이 전가의 보도처럼 도덕적 엄정성을 내세운들 문화와 예술이 일구어내는 힘과 대중적 열기 확산을 따라잡을 재간은 없다. 게다가 그들의 보수적 낙후성에서 문세는 다시 커진다. 법률은 뒤따르고 세상은 앞서가는 가운데 윤리와 규범의 빛도 이제는 바랠 대로 바랜 선반 위에서 세태를 내려다보긴 힘겨워졌다. 버겁도록 밀려드는 세상의 과업 앞에서 '구원'이니 '해결'이니 호언豪言할 단어들도 진작 그 진의를 접고 있었다.

권력의 문화지체는 어제 오늘의 일이 아니었다. 뿐만 아니라 가교와 중재를 도모하지도 못할 정치권력의 한계는 예술을 창조적 동반대상으로 보기보다 애초부터 관리대상으로 인식하게 했다. 제도폭력으로 그들의 창의를 짓밟고 평화를 내세워 작가의 자존을 뭉갤 때 인간들의 작품 속 성기는 잘리고 유린당하는 애꿎은 거세의 역사만 되풀이되었던 것이다.

정말이지 정색하며 묻자. 우리 모두에게 그리고 국가와 사법 당국에. 언제까지 우리는 달려가고 권력은 뒤쫓을 것인지를. 세상은 본능에 충실하고 국가는 그 '넘침'과 '과잉'이 불러올 무질서에 미리 눈 흘기며 질투의 속내를 감추려 할는지를. 하필이면 성기 표현과 그 묘사 부위와 선 부피를 갖고 문제 삼는지를. 대체 언제까지 이 나라는 인간의 성기 묘사를 놓고 '검열'과 '단속'이란 극히 부자연스런 행위에 몰입할 것인지 물어야 한다.

그것은 곧 강박이다. '해내야 한다'는 절박감보다 그것마저 해내지 못하면 존재의 이유조차 희박해질 것이란 자조적 위무가 병적으로 권력을 재촉할 때 법 집행은 한결 신경질적이거나 예민한 상황을 연출한다. 도무지 국가권력이 영화 필름에 손 대고 노래 가사에 칼끝 들이대며 나아가 만화 표현에 구체적 단죄 근거를 내미는 나라의 문화는 어떻게 규정해야 하는 걸까.

보까시의 어눌함은 그렇다 치더라도 움직이는 성기를 따라가며 숨기고 한사코 덧대려는 필름 검열의 번잡은 이미 코미디를 넘는 비극으로 역사에 각인된지 오래다. 성기를 둘러싼 국가권력의 성 정치적 압박은 결국 문화와 예술의 성실한 복속을 주문할 따름이었다. 언제든 일정한 보상이 뒤따를 것이라는 막연한 유혹과 함께.

중요한 건 성기의 존폐와 단죄 범위의 설정으로 만화의 자유가 제한될 수는 없다는 점이다. 권력이 법을 빌려 작가를 압박하고 작가가 자존의 힘을 믿고 세상을 조롱할 때, 엄밀히 말하자면 둘 사이를 메울 대중의 역량이란 실로 빈곤하다. 빈곤하다 못해 아예 암묵적이라는 데 얘기는 처연해진다. 본질은 성기가 아니건만 제도의 배타적 눈망울은 어쩔 수 없이 '그곳'을 지향하게 마련이다. 하여 몰려드는 눈빛에 미리 질려 그러잖아도 가리려 했던 '비밀의 화원'은 이내 봉쇄 혹은 폐쇄되고 마는 감각적 아쉬움도 이제는 항의의 대상조차 되지 못한다.

다음 네 컷은 공권력의 엄포 속에서도 작가는 어떻게 대응해야 하는지 잘 보여준다. 그리고 성애의 표현이란 결코 단순할 수 없음을 선과 색으로 대변한다. 반드시 육체의 모든 걸 다 보여주어야만 사랑은 아니란 사실도 암암리에 드러낸다. 하지만 육체의 특정 부위가 희석되는 건 작가의 의도적 자제였을까, 아니면 제도권력의 권유와 경고에 뒤따를 폭력화까지 대비하려는 것이었을까.

조성빈,『섹시얼라이프』제2화 76쪽.

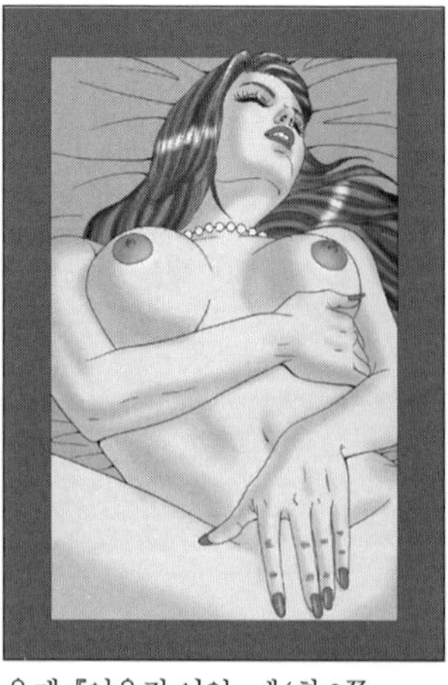

육제,『이웃집 여인』제4화 2쪽.

조성빈, 『섹시일라이프』 제2화 110쪽.

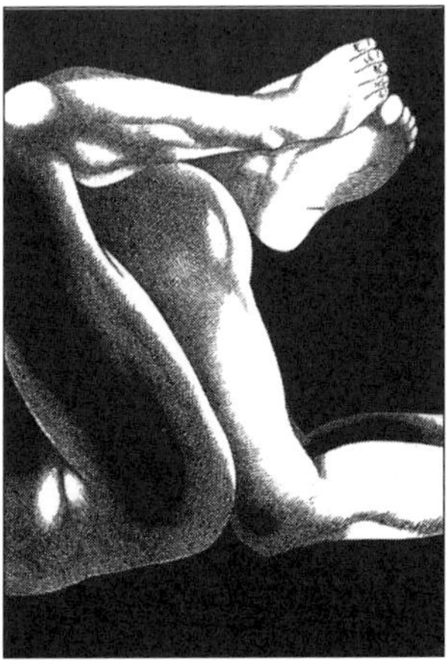

조성빈, 『大物』 제10권 10쪽.

작품으로 말을 대신하는 작가들에게 구체적 답변을 요구하는 건 무리다. 그보다는 작품 활동을 둘러싼 정치적 압박 요인들을 다시 새겨봄으로써 이 땅의 만화문화가 넘지 못하는 벽의 두께와 높이를 가늠하는 일이 더 유의미할 것이다.[3] 이 대목에서 곧추세워야 할 문제는 작가진영의 '문화적 정치화a cultural politicization' 와 실천적 호전성의 제고다. 소수 작가진영일지라도 만화의 성적 표현에서 예술적 도발성과 창의적 지탱 대오를 잃지만 않는다면 사법적 올가미의 서슬은 그만큼 완화될 수 있을 것이라는 데 생각은 머문다.

성기 표현만 하더라도 혹여 통제와 단속이 미칠 가치박탈을 지나치게 의식, 소극적 대응논리를 계발하기보다는 차라리 표현 부위의 확산과 문예적 저항을 도모하는 것이 한층 합리적이지 않았을까. 다가올 불이익에 대한 공포의 예비보다 저항의 실질이 담보할 문화적 전진을 고려하는 게 맞는 순서가 아니었겠는가 말이다. 치모恥毛 혹은 陰毛 · 성기 · 성행위 표현 부피 · 육체적 접촉 빈도의 확산과 절제에 따르는 인위적 균형 도모보다 차라리 과감한 선의 도발이 필요했던 건 아닐까. 억제와 검열만이 능사가 아니며 성기 그 자체의 '가림' 에만 쩔쩔매는 권력의 촌스러움을 작품의 예술적 수위 상승으로 교화하고 문화적으로 제압하는 성숙한 계절은 이미 시작되었어야 했던 게 아닐까.

중요한 건 쫓아다니며 후려치는 권력을 피하는 '전략'

이 아니라 섬세하고 치밀한 선묘로 저들의 속내를 거꾸로 사로잡는 '인내'가 아니었을까. 문제는 문예진영 보편의 권력 경계가 창작의 탄력을 잠식할지 모른다는 사실을 각별히 유념하는 것이었다. 사법폭력 집행이 진영의 위축과 예술적 기득권의 전면 박탈이란 극한 방어논리로 둔갑할 때 건설적 창의력마저 마비될 수 있다는 독자들의 우려는 쉽게 잊혀진다. 하물며 창작전선의 방어 메커니즘이 한낱 단속을 대비하거나 권력출동의 긴장구조를 항시 신경써야 할 길보드 업자들[4]처럼 사정없이 민첩해지는 일까진 자초하지 말아야 하지 않을까.

권력을 작품으로 제압하기란 말처럼 용이하지 않을 것이나. 세다가 제압방식과 이를 담보할 작품의 구체적 콘텐츠라는 것도 주관의 함정을 벗어나기 힘들 것이고 보면 긴장조성의 수위 조절도 간단치는 않은 일이다. 그럼에도 불구하고 만화작가들의 예술적 정체성이 흔들려야 할 까닭은 전혀 없다. 세기의 전환기를 거치며 만화진영 전반이 구축한 문화적 용맹과 그 전진 기류를 음란의 아쉬운 잣대 하나와 맞바꾸기란 쉽지 않기 때문이다. 만화가, 특히 고단한 시민들의 문화적 가디언Guardian들로 위무와 포용 역량마저 마다하지 않을 성인만화 작가들의 감각적 저력이란 이제 강고해졌기 때문이기도 하다.

문제는 모두를 걸고 혹여 전부를 잃게 될지도 모른다는

무모함의 불사보다 극한의 경계와 정치적 두리번거림이 때로 최후의 작가적 자존을 무너뜨리게 될 때 그 허무를 어찌 감당할 것인지로 모아진다. 그러니까 전부를 잃고도 행여 더 망가질세라 애면글면해하는 처연함이 문제다. 그 속에 자신을 묻기 싫어 차라리 소시민의 긍지를 생명수처럼 몸에 지니고 살자는 저 기막힌 '자존' 주변으로 모두가 모여 들 때 문제는 새삼스러워진다는 얘기다.

성인만화의 세상 속 자기 자리를 '다시 찾기'란 결코 쉽지 않다는 강박이 정수리를 누를 때 누가 뭘 어떻게 얼마나 지켜낼지는 느닷없는 절박함으로 다가온다. 그러나 아직 '성기'는 애써 발기勃起를 자제하고 있다. 좀더 성실히 표현하자면 잘려나가 제 스스로 죽는 한이 있어도 언젠가 제대로 빛 볼 날 기다리며 '수줍음'과 '욕정'과 '눈치'마저 견뎌내는 중이다.

성기의 드러냄 혹은 가림. 그것 때문에 죽고 사는 장르가 성인만화는 아니지만 그 부위가 끝내 사단의 핵심이 되고 사건의 종말이 되는 까닭도 세상은 새삼 주목하지 않을 수 없다. 여기서 성인만화의 지평이 예술적 입체성을 더하게 되는 이치도 찬찬히 따져보아야 한다. 법이 막는다면 끝내 법의 근간을 뒤흔들 작품으로 승부하고 시행령의 골격이 작가의 숨통을 짓누른다면 적용의 계기를 문예적으로 분산시킴으로써 국가의 만화통제를 완화시키는 전략이 곧 성인만화의 정치학이 추구해야 할 기본은 아닐까.

이제는 정말이지 그 수준, 그 단계를 넘어서야 한다. 만화와 영상에서 성인 남녀의 성기좀 보았다 하여 청소년의 앞날이 망가지거나 국가 운명이 박살이라도 날듯 호들갑떠는 유난도 자제되어야 한다. 오만가지 탈법이 자행되고 무법의 카오스가 대지를 뒤덮건만 법만은 뒤처져 노후하고 때맞지 않는 부자연스러움에 적실성 자체가 의문스럽다면 과감히 뜯어고치는 용기도 불사할 때다.

묘사의 변화가 기존 법체계 안에서도 허용된다면 그 경계의 최대한은 어디까지 확장될 수 있을까. 성기의 현시가 사회적 무책임과 의도치 않은 성적 수치심을 유발할 수 있는 가능성도 두드러진다면 표현 부위의 이동과 처리 기법의 다양화는 전면적 회피나 암전혹은 희석보다 한 단계 우위에서 생각해 볼 문제였을 것이다. 부분 묘사가 전면 부정보다 나은지 아닌지는 독자의 판단대상이자 감각적 선호의 문제일 것이다. 하지만 궁극적으로 성기라는 표현의 정글을 피할지 말지는 누구도 넘어서지 못할 성인만화의 아킬레스라는 데 이론의 여지는 없다.

성기의 표현기준과 한계를 설정한다는 것 자체가 우스운 일임을 어찌 모르겠는가. 마찬가지로 세상의 모든 해악을 절대적으로 열거, 체계화할 방도도 묘연하다면 유독 성애의 표현을 법으로 막고 규범으로 통제하려는 생각은 그 자체가 바로 치명적 편견이다. 그렇다고 예민한 주제를 끝내 피하고자 표현대상의 우회와 도약을 일삼는 것 역시 엄격히 재고할 문제다. 그것은 '엄숙'과 '신비'를 핑계 삼아 질척이는 뒷골목 아예 안 보거나 그같은 공간은 절대 존재하지도 않는 양 호도해 버리는 일과 조금도 다름없다.

피할 바에는 차라리 포기의 사유를 작품으로 고백할 일이다. 구태여 성애의 도입이 불필요할 만큼 승화의 미학을 넘치도록 내뿜거나 낭만과 서정의 환상도시를 그리기 위해 지상의 온갖 '지저분'을 일거에 내쫓으며 감동의 선묘로 독자들을 사로잡을 일이다.

묘연한 테크닉으로 뭉개거나 어설픈 암시만으로 성애의 전말을 상징 대체하느니 표현의 과장과 여운의 증폭으로 길을 나서는 데 작가들은 차라리 암묵적으로 동의했다. 변하지 않는 현실을 꾸짖고 정면에서 타개하려 들기보다 간헐적 반복 묘사와 상징 과잉으로 독자들의 관심을 충족시키는 일도 이제는 너무나 흔하다. 그보다는 차라리 점진적 전진과 묘사의 파격으로 인습의 세계를 건드리는 게 더욱 효과적이지 않았을까.

국부의 부분 노출, 속옷의 마지막 '제거', 육체적 방어의 좌절 등 성애 돌입의 한계를 묘사하는 다양한 선들은 모두 독자들의 성본능을 장악할 일방의 촉수로 작동하게 마련이다. 이와 관련, 현란함 하나만으로도 행위의 대강을 상상하게 만드는 데 다음 경우는 대표적이다. 따지고 보면 '무엇을 그릴 것인지'와 '어디까지 묘사할 것인지'는 서로 암묵적인 관계에 놓인다. 성행위 묘사의 단계별 표현 편차를 고려할 때 작가의 의도가 어디까지 펼쳐질지는 작가 본인뿐만 아니라 독자들에게도 적잖은 관심대상이기 때문이다.[5] 작가는 여기서 성기의 직접 묘사 대신 절반의 '가림'이 완벽한 노출과 하드코어보다 한결 선정적일 수 있음을 말하려 한다. 이는 암전이나 희석보다 한 단계 정치적으로 나아간 시도였을 것이다. 크로키의 잽싼 동선이나 회화 일반의 정교한 라인 터치가 아니어도 충분히 선정적이며 예술적 미감味感을 드러내는 데 이 선묘는 모자라지 않다. 팬티 라인으로 충분히 가려진 음부 너머 무엇이 도사리고 있는지 헤아릴 겨를도 없이 주변 묘사와 몸의 동세 변화는 성적으로 더 독자를 유인할 채비를 마친 다음이었다.

이같은 방법은 성인만화 전반에 폭넓게 퍼져 있는 '안전제일주의'에서 약간 더 나아간다. 테크닉의 비교 우위나 콘텐츠 수위를 단순화시킬 수야 없지만 중요한 건 미세한 도발 역시 만화 정치의 저항전략으로는 큰 비중을 차지한다는 점이다. 울림의 사회적 크기 역시 길게 보면 작지 않을 것이다.

제아무리 규범과 도덕률을 외쳐대는 공공 대열에 합류한다 한들, 그걸 핑계 삼아 성인만화의 구상성을 훼손시키고 인체의 성기가 왜곡 · 생략되는 '촌스러움'은 사그라지게 해야 한다. 그래서 세상눈은 이제 정돈될 필요가 있다. 그 때문에 망가지는 세상 질서가 아니며 그로써 파탄날 사회윤리가 아님을 모두가 인정한다면 권력의 성 정치적 억압과 문예지평의 저 섣부른 지레짐작은 진작부터 억제해야 했으리라.

하지만 이 정도의 진전도 쉽게 받아들이기 힘든 건 이 땅의 여전한 문화 파시즘 때문일 것이다. 권력은 '민주'를 표방하고 자본은 '경쟁'을 부추기는 동안 세상의 개방은 이미 터질 듯한 '감각의 제국'을 방임한지 오래다. 문화의 팽창만큼은 무한정 허여할 수 없다는 정치적 지배논리가 압제의 똬리를 틀며 민중통제의 횃불을 드높여 온 것도 사실이다. 게다가 유권자 대부분이 입 다물고 뒤따르는 저 정치적 기이함은 독자들의 유난스런 감각적 '밝힘'과 또 어떻게 조우하는 걸까.

작가의 손끝과 의식의 촉수 마디마디에 마음만 먹으면 족쇄를 걸어맬 채비로 충만한 '권력' 아니었던가. 하지만 저들의 도덕적 정당성이란 어차피 '정질 분석' 대상이 되지 않는다. 자신의 정당성을 오로지 득표수로 내세우고 통제의 합법성마저 사회윤리의 대강으로 호도하는 그 힘이란 애당초 '폭력'이었으니까. 온갖 문예통제의 빌미 가운데 유독 '성기 표출'에 온 신경 붙잡아 매는 나라는 과연 몇이나 될까. 그 때문에 문화발전이 가로막히고 예술의 만개가 늦춰진다는 결정적 증거도 없으면서 만화까지 점잖고 예술마저 근엄해야 한다는 인식의 맹목은 무의시적 허세에 다름 아니었던 것 아닐까.

보라. 성애의 만화 표현이 절제와 억압의 틈바구니에서 국가를 의식하며 사법 그늘을 생각하고 있어야 함을. 그리하여 더도 덜도 아닌 애매와 모호의 늪 주변을 때로 서성여야 하는 만화 현실의 어눌함을. 어찌 작가 조성빈과 정낙원만 겪어야 했던 족쇄였을까. 예서 멈춰야 하고 게서 다시 계산해 보아야만 섹슈얼 러브의 안전지대가 도모되는 이치란 도무지 뭘까.

조성빈, 『섹시얼라이프』 제1화 70쪽.

조성빈, 『섹시얼라이프』 제1화 73쪽.

정낙원, 『바꿔타는 남사』 제3회 1쪽.

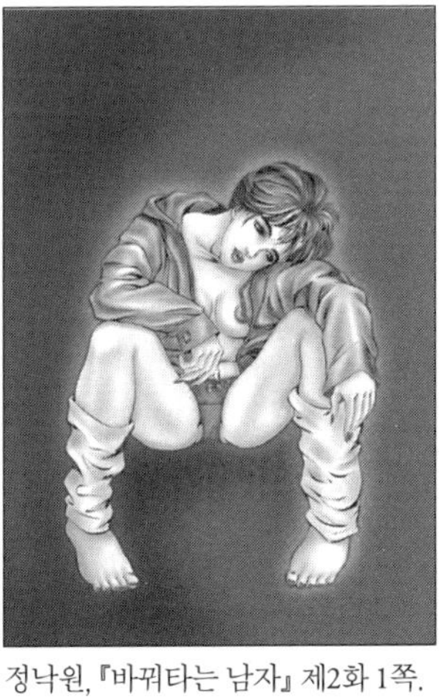

정낙원, 『바꿔타는 남자』 제2화 1쪽.

사정이야 어찌되었든 선묘의 제약과 사법적 통제 환경은 작가들의 자유로운 표현욕구를 암암리에 압박한 게 사실이다. 그것은 모두를 '드러내고픈' 욕구와 그래서는 '다칠지도 모른다'[6]는 강박이 서로 부딪치는 형국으로 진행되었다. 그 사이에서 유예되곤 했던 모종의 사회적 긴장은 때로 '사건'으로 발전되거나 단속대상으로 치부되면서 독자와 작가의 소통을 직 · 간접으로 가로막았다.

표현과 유통의 서로 다른 경로를 따라 독자와 작가 사이에서 만화 콘텐츠의 흐름이 막히고 왜곡되는 현상은 우리의 경우 심했다. 결과적 책임을 묻고자 한다면 작가와 당국 그리고 독자의 몫은 각기 달리 정량화될 것이다. 어느 진영도 이 대목에서 완전히 자유로울 수는 없을 것이다. 당국의 억압이 심하여 창작의 자유를 침해받았다는 가설도 성립될 수 있겠지만 이는 또 하나의 무책임이다. 독자들의 욕구가 원색적이기에 작가의 창작과 표현충동이 더욱 강하게 일어날 수밖에 없었다는 변명도 무기력하긴 매일반일 것이다.

독자들을 계몽 · 교화하기 어려워 통제대상은 작가진영으로 돌릴 수밖에 없었다는 불가피론도 힘을 얻긴 어렵다. 이들 모두 핑계로 작동되는 한, 시장 교란과 표현의 억압은 사라지기 힘들 것이기 때문이다. 당국과 작가도 이제는 감시와 처벌의 주종관계나 추적과 이반의 기묘한 사슬관계를 벗어나야 한다. 그 사슬을 끊을 힘이 독자들에게 당장 담보되지 않는다 해도 모두에게 관계의 재구성을 촉구하는 여론의 압박은 계속되어야 한다.

중요한 것은 그러니까 성기의 표현양식이나 묘사 부피가 아니다. 신체의 특정 부위가 드러남에 따라 그것이 미칠 사회교육적 결과를 미리 염려하는 일이 문화도 예술도 죽여버리는 '촌티'의 극치임을 간파하지 않으면 안 된다. 그리고 그 우려를 넘어설 용기마저 세상이 끌어내지 못하는 한, 성인만화는 여전히 음습한 편견의 그늘 밖을 나서지 못할 것이다.

그러나 제아무리 성인만화 변론에 열을 올린다 한들 현실은 꿈쩍도 않은 채 그대로다. 이같은 담론의 최소한조차 눈 돌릴 여유 없이 성인만화에 내리는 차가운 '눈발'은 음산하다 못해 아예 비통하다. '성인만화＝성애 미디어'란 도식적 동일시는 좀체 오해의 늪을 벗어나기 힘들게 하고 있다. 그것은 성인만화가 치러야 할 시대의 대가인 양 기왕의 선입견에 힘을 얹는다.

작가진영의 정치적 저항도 더 이상 힘을 발휘하진 못한다. 성애 표현을 둘러싼 권력의 간섭을 해소 · 극복할 대체세력 또한 없기 때문이다. 극단적으로 표현하자면 성애 표현이 부자유스럽다고 작품활동의 근간이 무너지는 건 아니며, 문제해결을 위해 대신 나서주는 이들이 없다고 해서 장르의 존폐가 염려되는 것 또한 결코 아니기 때문이다.

정치적으로 가장 뜨거운 상황은 아마도 작가들 스스로 작업 일정을 접고 집단 항쟁의 대오를 갖춰 당국과 승부를 거는 다소 살벌한 모습일 것이다. 표현의 자유와 묘사의 지평 확산을 위하여. 하지만 스크린 쿼터를 놓고 투쟁하는 영화인들의 정치적 저항과 만화의 성 정치적 표현을 둘러싼 작가들의 그것이 등가적일 수는 없을 것이다. 국가의 성 정치적 개입이 일률적일 수 없듯 표현의 자유 확산 또한 통일을 기할 수는 없기 때문이다. 혹여 저항이 가능하다 해도 무엇을 어떻게 요구할 수 있을지는 정작 막연해진다.

문제로 자각한다 한들 스스로 해결하지 못한다면 풀리지 않는 현실로 묻어두는 수밖에 없으리라. 표현의 자유가 법과 도덕의 허울을 이겨내지 못할 때 세상에 남는 마지막 여운은 '남겨진 표현'들을 바라보는 숱한 아쉬움과 감각적 앙금들로 아로새겨질 테니까. 더 보고파도 그 이상 볼 수 없고 더 나아가고프건만 거기서 멈춰야 하는 자들의 진한 미련은 이제 헤일 수 없는 만화의 쪽수 사이사이로 '거품 꽃' 피우며 퇴색되는 중이다.

그 미련의 형상들을 거꾸로 비추는 거울이 있다면 그건 어떤 모습으로 되살아날까? 누구도 이에 진솔히 고백하는 경우란 드물다. 미련을 달래기 위해 작품 속 돌파구가 필요했다면 그 출구는 어떤 모양이었을까? 모든 걸 드러내지 못하여 차라리 머금고자 하였다면 그 억제의 결과물들은 어떻게 묘사될 수 있을까? 터질 듯한 말풍선 속으로 지금 이 시간도 물밀 듯 파고드는 말들의 향연 혹은 기성奇聲의 확장이 바로 그것일 것이다.

대사와 대사의 논리적 연계까진 그만두더라도 프레임 속 선묘들을 절대 압도하는 괴성의 범람과 나아가 의성어의 연쇄 폭발은 뭘 뜻하는 걸까. 대리 만족장치? 기계적 삽입과 단순 배설? 의미와 무의미의 중간지대 확장? 그건 이미 성적으로 흥분한 시지각의 완화와 감각적 궤도 수정을 위해 미리 파묻은 지뢰이자 대안의 해소 수단이 아니었을까. 시각의 불만을 청각으로 보완하는 일은 그래서 성인만화만의 고유한 장치로 가능해진다. 물론 작가들이야 이같은 회로판의 비밀을 공개하는(?) 데 결코 동의해 주지 않겠지만.

시각적 안타까움을 소리로 대체 충족시키는 만화적 장치는 성인만화만이 확보한 특장의 영역이다. 과잉 단순화시켜 보면 소리의 시각적 묘사만으로도 빛과 형상의 현란한 조합이 가능한 대표 장르가 성인만화다. 그것은 과장과 증폭이란 의도적 함정 속으로 독자들을 끌어들이려는 대표적 정치 전략으로 작동한다.

'그것' 만이라도 향유하자는 소극적 유인이 아니라 '그 다음' 장면과 장막을 넘어 존재하는 환락의 현장을 상상하라는 적극적 권고 계기로 작가들은 성애의 중심과 주변에 더욱 고혹蠱惑적인 선의 향기를 흩뿌리곤 한다. 독자들은 그 함정의 허술함과 탐닉의 대가가 요구하는 혹독한 허무를 물론 잘 알고 있다. 그럼에도 불구하고 어느 새 대안의 선묘를 찾아 시각적 그리움을 달래려는 또 다른 자아가 고개를 들 때 어른들의 허망한 감각도 이젠 더 이상 슬픈 구덩이만 헤맬 수는 없다는 순간들을 직시하게 된다.[7] 바로 이 대목에서 한국 성인만화는 피하지 못할 핵심의 화두를 만난다. 여기에서 눈길은 고정된다. 그건 뭘까.

1. 한국 성인만화가 근본적으로 하드코어를 지향하고 있다는 결정적 증거는 존재하지 않는다. 보다 거칠고 생생한 숨결을 전달하기 위해 지금의 '리얼리티' 만으로 만족할 수 없다든지 선묘의 절제와 자발적 조율을 위해 더 이상 만화적 인내는 불필요하다는 발상도 작가들의 합의에 의한 것이라고는 말할 수 없다.
2. 그러나 하드코어를 지향하되 어쩔 수 없이 소프트코어 시스템에 매달려야 하는 방식이라면 논의 구조는 수정할 필요가 있다. 다시 말해 만화의 소프트코어가 욕망과 의지의 '최종 선택' 이 아니라 전략이자 정치 전술로 채택한 체류의 '대피용' 공간이라면 애긴 달라진다.
3. 이 땅의 성인만화가 딛고 서 있는 '안전지대' 란 것이 만일 둘 사이의 경계, 그러니까 아무 것도 아닌 회색

공간이거나 무채색의 방호벽 아래라 해도 문제의 핵은 그대로 남는다. 왜냐하면 성애 표현의 중간지대란 게 성립 가능한지는 누구도 흔쾌히 답할 문제가 아니기 때문이다. 그것은 도피치고 매우 정치적이며 안주安住치고는 너무나 길고도 정처 없는 일이다.

4. 경계선에서의 장기 체류가 독자성을 확보했고 또 정치적 안전지대로 사회문화적 기득권과 영토 확장에 성공했다 해도 그 존재양식과 윤곽은 여전히 모호하다. 아울러 선묘의 과장과 표현의 증폭을 불사하면서도 준법의 관행을 존중하기보다 위반과 일탈 충동에 종종 휩싸이는 현상을 들여다 보노라면 이 땅에서 만화의 하드코어가 자생적으로 발현 · 확신될 싹을 전면 제거하기란 힘겹다는 사실을 헤아리게 된다.

가장 민감한 부분에서 침묵해야 하고 끝내 보여주어야 할 대목에서 숨겨야 하는 어눌함. 그 대가는 독자들의 아쉬움과 사회문화적 이중성의 용인으로 구체화된다. 아무도 책임지려 하지 않고 그렇다고 성가시게 생각지도 않던 묵인과 도피의 세월은 여전히 이어지고 있다. 남몰래 읽고 반납하든 아니면 돈 주고 샀던 흔적조차 지워 없애려 두리번거리든 만화 주변의 기이한 습속들도 묻히고 잊혀가며 오늘에 이른다.

그것이 하필 성인만화이기에 치러야 할 대가라면 그건 너무 혹독하다. 그건 어디까지나 법과 규정을 어기지 않으려 했던 '착함'과 '여림'의 훈장이었을 뿐, 다른 무엇으로도 대체할 수 없는 일이다. 생각해 보라. 할 수 있는 일을 하는 수 없이 '참아내기'란 말과 생각처럼 그다지 쉽겠는지를. 위반의 대가가 두려워 창작과 표현 지평을 불가피하게 축소시키는 작가적 신중이 사실은 대중 예술의 범주를 압박하는 자멸의 폭력이자 희생자 없는 죄악인 것을.

솔직하고 순수하여 반교육적으로 매도되고 지독하게 진지하고 단순하다는 이유만으로 반사회적이란 누명을 뒤집어 쓴 채 돌팔매 맞아야 할 세상의 역설은 왜 하필 만화에까지 미쳐야 하는 것일까. 하지만 이 땅의 성인만화가 언제 제 스스로 통속의 그늘로부터 화려한 일탈을 꿈꾸며 비상飛翔의 예식을 치러달라 세상에 크게 외친 적 한번 있었던가.

통속이든 세속이든 뭐라 형용해도 존재의 독특한 양식을 인정하려 들지도 않은 채 삿되고 허허로운 '들판의 예술'이라 탓하는 일은 삼가도록 하자. 만화를 만화로 보지 않고 한결 고상하고 거룩한 제3의 장르로 거듭나길 바라는 마음으로 고결의 잣대를 들이미는 행각은 정말이지 견디지 못할 새로운 고통임을 다시 유념하기로 하자. 제아무리 끈끈하고 질척이는 '그것'이 역겹다 한들 성인만화가 하드코어를 지향할 수밖에 없는 것은 엄연한 현실이자 당연한 본능임을 잊지 말도록 하자.

19 주

1_ 그렇다고 살벌한 법 집행이 국가를 늘 공포로 몰아넣기만 했던 건 결코 아니었지만 말이다.

2_ 하기야 언제 이 나라 권력이 시민의 '존엄한' 본능을 거들떠 본 적이라도 있었던가. 자신의 탐욕 때문에 스스로를 속이고 제 본능 챙기기 여념이 없던 추억 말고.

3_ 행여 이같은 생각이 작가적 성실성과 창의성의 방기를 두둔하거나 일방적 세속화를 미화하는 논리로 호도되는 일은 막아야 할 것이리라.

4_ 좌판(坐板)의 경제학을 시장경제의 막강한 풀뿌리로 인정하지 않을 수 없는 오늘날 만화작가 역시 스스로를 시장의 전사(戰士)로 자처한다 한들 독자들이 이를 막을 재간은 없으리라. 다만 최후의 자존과 역량 재건을 도모하기 위해 이른바 '구루마'와 '좌대(座臺)'를 동시에 끌어당기며 전선의 마케팅 주역으로 급진화하려는 동기는 재고해야 하는 게 아닐까.

5_ 일본의 경우, 성애 표현을 둘러싼 선묘의 도발은 전진과 후퇴를 거듭한다. 이것이 그들만의 독특한 성문화와 의식적 노력의 결과인지는 천착이 필요하다. 하지만 저들은 성기의 표현을 불사하는데 우리는 그만 못하다는 식의 단순비교는 지양해야 할 것이다. 왜냐하면 이는 비교의 준거는 될 수 있을망정 평가척도가 될 수는 없기 때문이다. 신체기관 하나를 '앞에' 놓고 작가의 표현적 한계와 그 극한을 쟁점화하는 데는 용기(勇氣) 이전에 고려해야 할 요소들이 매우 많기 때문이다. 또한 '저들'이라 하여 성애의 표현과 성기 묘사에서 무한의 예술적 자유를 구가하는 것 또한 아니기 때문이다. 차라리 디테일한 만화 표현 편차의 장르별 · 유형별 비교가 훨씬

유의미할 것이다. 성기의 표현이 상대적 파격으로까지 육박할 수 있었던 게 환경의 결과였는지 능력과 의지의 소산이었는지 따져 보는 일도 흥미로울 것이다. 일본 성인만화에서 음모(陰毛)의 부분 노출이나 성애 표현의 도발적 단면들로는 다음 참조할 것. Ryou Kurashina 작(作) · Misaki Sata 화(畵), 『밤의 여제』 제1권 (서울 : 거산, 1998), 39, 73쪽 ; 한 예로 아래 표현은 작가의 이같은 의도를 잘 집약한다.

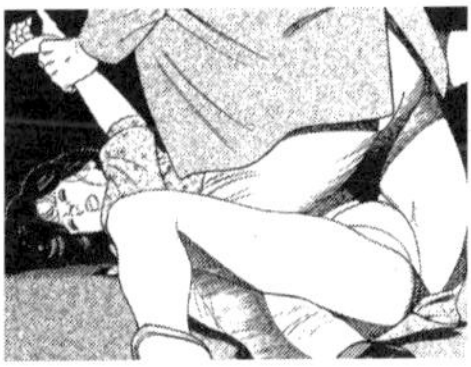
(윗책, 71쪽)

6_ 이제껏 쌓아놓은 것 다 무너뜨릴지도 모른다는 공포의 예감이 더 옳을는지 모른다.

7_ 그 구체적 콘텐츠들을 어찌 다 여기 꾸겨넣을 수 있으리.

배설과 **발산**

| 쾌락과 허무의 동결

통속적인 너무나 통속적인 장르를 향해 '너는 왜 신성하지 않냐' 고 나무라는 건 우스운 일이다. 세상이 속되다고 욕하며 돌 던지는 온갖 '것들' 이 철저히 '통속적' 이고자 그 본원적 성실성을 다할 때 감동 부피는 도리어 커진다. 성인만화가 성인만화답지 않고 순정만화 티를 내거나 대하드라마 구조를 넘본다면 그건 부자연스런 일 아니겠는가. 오페라가 뽕짝을 일컬어 '넌 노래가 아니라' 고 일축할 까닭이 없듯 클래식이 뮤지컬한테 '곁에 오지 말라' 외면할 이유도 없다. 마찬가지로 문학이 만화더러 특히 성인만화 의식하여 음란의 대명사로 내몰거나 예술적 시비를 가릴 일이야 없지 않겠는가 말이다.

다만 '통속'이란 이름의 그릇 안에 담기는 내용물을 놓고 세상이 운운하는 말들이 시끄럽고 눈빛의 각도마다 동티가 나니 문제였다. 그것은 대부분 과잉 묘사 아니면 과잉 생략에서 비롯되는 일들이었다. 막상 선으로 그려내야 할 것들은 지나치게 억제되고 구태여 폭발할 필요까지 없는 글들은 흐르고 넘쳐 표현과 묘사의 균형이 깨질 수밖에 없던 것이 성인만화의 문제 '중심'이었다. 이 작은 지면 안에 나라를 뒤덮고도 남을 성인만화 속 글과 그림의 정수를 어찌 다 녹여 넣겠는가마는 다시 또 그 진수의 언저리라도 어루만져 볼 일이다.

그림의 영역이 담보하지 못할 저 사법적 버거움과 뛰어넘지 못할 문화 · 역사의 무게는 짧게나마 훑어본 바 있다. 그렇다면 성인만화가 즐겨 기대려 드는 만화 언어의 구조적 특성과 콘텐츠 내부의 함정은 어디에 있는지 살펴볼 차례다.

거침없는 언사의 '반복'과 원색적 표현의 '난무'가 역겹거나 거북하지 않았던 것은 처음부터 염치와 세상 윤리 의식하지 않고 덤벼든 작가적 자세의 당당함 때문이었다. 이 땅의 성인만화 작가들이 즐겨 취하는 저 감각적 의연함도 '말'의 평균율로 압축해내기란 여간 힘들지 않다. 그 어려움이란 작가 인구가 상당하다는 사실과 더불어 통계 추적의 난감함 곁에 익명성과 예명의 베일로 자신을 감추려는 모호함까지 겹쳐 그 도를 더한다. 게다가 작가들의 개성이란 것이 무슨 과학성이나 적합성 같은 개념에 맞춰 부피를 재거나 정확하게 정량화할 수 있는 성질의 '것'도 아니고 보면 연구와 분석을 위한 객관적 규준은 생각조차 할 수 없다.

경향 분석과 추세의 뒤쫓음도 만만치 않다. 모두를 대상으로 면밀히 거르고 따져보기 힘들 만큼 성인만화의 공급 물량은 가히 폭발적이다. 절대값 자체를 가늠하기도 힘들다. 한도 끝도 없이 양산하되 작가의 실명 추적이 어렵고 주제와 소재의 분열은 무한대로 펼쳐지는 성인만화는 마치 찾을 길 묘연해진 '공룡의 쉼터'처럼 곳곳에 자리한다. 종수가 너무 많아 정체 규명이 애매한 반면 플롯의 전개와 흥미유발 장치는 의외로 단순하여 장르의 특화는 기왕에 도드라졌다. 성인만화는 그러나 앞서 논의한 성애 처리과정의 여러 장애와 대가를 복합적으로 치른다. 그것은 뭘까.

선의 무한 분열과 그림의 다양성만으로는 채우지 못할 감각의 여백은 언어로 위탁된다. 빛과 그림자의 합성으로 영화의 입체성을 더하려 한들 사운드 트랙 투입이 감동을 격화하는 이치와 그건 무척이나 닮아 있다. 성인만화가 글과 그림 그리고 은밀한 이야기 구조란 세 가지 꼭지점 없이 생각할 수 없는 장르임을 감안할 때 글의 비중은 그림의 그것과 자연스럽게 비견된다. 하물며 그림의 제한적 감동을 보완해야 할 필수의 장치임에랴.

이 지점에서 성인만화의 매력은 커진다. 구태여 이 장

르에 기대지 않더라도 시지각의 온갖 촉수를 충족시키기란 이제 사이버 환경을 통해 너끈한 문제다. 물리적으로 넘쳐나는 정보와 다운로딩의 부담은 차치하고라도 동영상AV의 범람이 식상하게 된지는 꽤 되잖았는가. 그래도 기꺼이 오프라인의 종이 미디어를 고집하며 스포츠 신문과 차기작 출현을 고대하는 행위란 그것만으로도 '원시성'이 돋보인다.

그렇지 않은가. '야동'과 '뮤비'가 판치고 동영상 세례가 이미 지겨운 행각이 되어 버린 이기의 소굴에 얇은 비닐 코팅의 투박한 질감이 금세 찢겨질 자존심을 무슨 신비 어린 속살인 양 오매불망 감싸는 전래의 미디어라니 이 어찌 가당키나 한 일이겠는가.

오프라인 도서시장이 당면한 저 징그러운 항상적 위기란 또 그렇다 치자. 팔리든 안 팔리든 '그리는 행위' 자체를 세상 어느 일보다 소중한 행위로 치부하는 작가들의 자기 존중만으로도 성인만화는 이 땅에 새겨두어야 할 성실과 고단함의 대명사로 자리한다. 보지 않고 읽지 않는다 한들 뭐라 탓하고 무엇으로 자위할 것인가. 그 방편 또한 막막한 상황 역시 기막힌 역설 아닐까.

시도 때도 없이 얻어맞는 핑계거리로 청소년 심성 저해와 퇴폐문화의 온상으로 치부되는 현실도 작가들에게 되뇌기란 무망하다. 세상천지 어디에 이같은 권고와 자탄의 논리를 헤아리지 못할 만화작가가 있겠는가. 뿐만 아니라 그 문화의 저질적 원류가 가까운 일본에 있음을 설파하려 했던 그간의 움직임 역시 이젠 피곤의 경지를 넘어선 지 오래다. 이 자리가 이 문제를 파헤치고자 작정한 '곳'이 아닐진대 본격적 천착의 장은 마련할 수 없다. 하지만 성애를 다루는 성인만화의 원류를 늘 일본에서 찾고 책임의 일단마저 배타적으로 추리하는 방식은 태생적 한계를 과장 · 증폭시키는 일임에 지나지 않는다.

설령 이 땅의 성인만화가 성애 묘사와 그 적극적 표현 방식을 두고 애당초 일본을 강하게 의식한 게 사실이었다 해도 오늘의 상황을 결정한 지배 요소는 어디까지나 우리 내부에서 추동 · 분화하고 있었다고 보는 게 옳다. 일본과 한국의 그것이 서로 어떻게 중첩되고 있는지 가리기란 두 진영의 결정적 유사성을 둘러싸고 전개될 감각의 대립과 독자들 본인의 성정 비교 만큼이나 복합적일 것이다. 애당초 일정한 문화중첩을 놓고 그 속에서 보편과 특수의 질량을 대비한다든지 상호 삼투의 시발점을 비교하기란 거의 불가능하지 않겠는가.

일본 책임론에 안주하려는 기왕의 편견은 우리 내부의 매너리즘과 구조적 한계를 외면해 버리는 일방의 근거로도 악용될 수 있다. 스스로의 모순을 타자의 등에 업혀 호도하거나 전가하려는 잘못은 불식해야 할 과제 가운데 하나일 터이다. 어디까지가 저들의 책임이고 어디부터 우리가 반성해야 할 몫인지 그 경계의 획정은 언젠가 분명히 해두어야 할 과업이다. 하지만 이를 빌미로 회고의 의무를 방기함은 큰 문제의 원인이 된다는 데 유념해야 할 것이리라.[1]

다시 본론으로 돌아가자. 성인만화 속에서 글혹은 대사의 흐름이 차지하는 의미와 그 정치적 비중에 관하여. 특히 숨기지 못할 본능의 폭발과 이를 암시하는 온갖 소리들의 문자화 과정에 대하여.

여러 주제들 가운데 이 땅[2]의 성인만화가 빠져 있는 성기 콤플렉스 탈출에 관해서는 더 이상 진전을 기대하기 힘든 게 사실이다. 그것이 작가들의 예술적 무능이나 욕망의 고갈에서 비롯되는 것이 아님도 이미 지적해둔 바와 같다. 차라리 모든 걸 걸고 덤비려는 정치적 호기가 미약했거나 규범과 문화의 족쇄를 온몸으로 타파하려는 저항의 한계 또한 컸다고 조준함이 타당할 것이다.

작가들의 그같은 정치적 무능도 하루 이틀 동안 배양된 몰역사의 문제는 아니다. 그건 어디까지나 먹고 살아야 한다는 절박감과 살아남아야 한다는 그악스런 의식이 뭉쳐 강제적 사회화와 질서의 억지 준수를 재촉했던 결과가 아니었을까. 그 마당에 열혈남아의 패기와 지고지순의 급진 이데올로기로 무장한 쾌걸 순교자가 나와 성애의 알파와 오메가를 여지없이 표현해주길 기다렸다면 그건 지나친 꿈이었을까. 남녀의 질펀한 성애 현장을 모서리만 보여주지 않고 아예 성기 삽입과 사정의 전 과정을 리얼하게 묘사하는 하드코어가 세상에 정색하며 모습을 드러내지 않았던 걸 작가외적 변수로만 설명하는 것도 이젠 식상하지 않을까.

환경과 상황의 논리도 허울 좋은 핑계일 뿐이라면 만화문화의 모순을 논의하는 현장에서 작가의 책임은 면치 못할 화두로 상존한다. 예속과 순종의 주체가 작가인 한, 도발과 저항 당사자도 작가일 수밖에 없다. 이를 바라보며 공분하게 될 독자의 몫도 그만큼 커질 수밖에 없는 건 혹독한 현실 아닐까.

그러나 잘못 분간하는 일은 없도록 하자. 성애의 묘사 지연과 표현의 우회가 비록 작가들의 정치적 무능을 반증하는 일일지라도 그것이 당장 이 땅의 성인만화 지평을 축소시키거나 문화의 황폐를 재촉하는 일은 아니라는 것 말이다. 그것이 제도와 율법에 의한 강제가 아니라 도덕적 자각과 윤리적 판단에 따른 결과라면 성애 표현의 잠식도 신중할 필요가 있다. 여기서 문제 삼고자 하는건 성애 표현의 지나친 지체가 만화의 분화를 가로 막고 억압론의 외피 안에 스스로를 가두어 주변 표현 영역마저 방해하는 비의도적 유인 수단이 되어선 곤란할 것이란 점이다.

작품으로 말을 대신하는 작가들 가운데 작업결과를 글로 변명하거나 설명형식을 빌려 덧칠하는 경우는 드물다. 그것은 곧 작업과정을 우회적으로 고백하거나 합리화하는 일이기 때문이다. 보다 구체적으로 어느 특정 항목에 관한 설명까지 기대하기란 그녀의 예술적 자존과 긍지와도 무관한 일이 아닐 것이다. 그럼에도 불구하고 다음 항목들은 이 땅의 성인만화를 감싸고 도는 문제영역을 대변한다.

1. 한국 사회에서 허용 가능한 성애 표현의 만화적 극점과 그 한계를 초월한 묘사영역에는 무엇을 담을 수 있을까. 결코 용납할 수 없는 성기 표현의 마지노선이 존재한다면 작가적 대체 표현 영역이란 따로 설정할 수 있는 걸까. 있다면 그건 과연 뭘까.
2. 그림으로 못 다한 감각적 정념을 따로 처리할 방식이 있다면 그건 무엇일까. 그것을 포섭할 예술적 대상이 따로 존재한다면 가장 근접한 것은 글이 아닐까. '만화 속의 글' 은 문맥의 독자성과 그림이 내뿜는 여운을 동시 수렴하는 걸까.
3. 글과 그림의 관계는 떼어놓을 수 없는 도저到底함으로 늘 가득한 감동의 질량을 요구받는다. 장르의 주요 자원이자 지탱점이며 독자들의 긴장과 감각의 이완을 담보하는 요소로도 이는 매우 중요하다. 특히 플롯 자체를 담보하는 일반 대사와 달리 장면의 이해와 감동효과를 떠맡는 '의성어' 의 '배열-확장-반복-증폭' 은 간단치 않다.

4. 그것은 지나친 과장과 왜곡 혹은 상상과 간접 몰입효과를 남시한다는 점에서 성인만화의 이해와 오해를 촉발하는 핵심 변수다. 다시 말해 작가의 의도와 만화적 목적을 가장 빨리 그리고 손쉽게 변호하고 무의식적 인입의 최단 경로로 기능한다. 이 점에서 의성어의 만화정치학은 다분히 폭력적이며 또 즉발적이다. 하지만 이같은 효과의 증폭이 앞서 지적한 성기 은폐와 불가피한 말살혹은 배제의 긍정적 대체수단으로 힘을 다하는지는 미지수다.

작가들 가운데 누구도 성기의 직접 표현이 불가능하기 때문에, 아니 성애의 노골적 묘사가 원천 봉쇄되어 있기에 소리 처리를 한층 강화한다고 고백한 바 없다. 아니 앞으로도 이같은 일은 좀체 일어나지 않을 것이다. 그러나 과장과 왜곡의 유인효과가 극대화되고 독자들의 상상을 무한대로 펼치려는 만화적 선묘가 한껏 용트림하는 이른바 '표현의 팽창'은 만화의 성애 표현이 반증하는 공허함의 발로 아닐까. 어딘가 허전하여 '소리효과'가 더욱 과장되고 무엇으로든 채워야 할 부족함 한층 커져 글과 괴성으로나마 퍼붓고 덧대려는 감각의 과잉은 문자 그대로 폭주暴走했던 게 아닐까.

'과잉'이란 도무지 뭘까. 그건 이미 흐르고 넘쳐난 결과, 아니 그처럼 버거움 느끼도록 허락한 절차적 고백 아니었던가. 그럼에도 불구하고 더 크게 부르짖고 목청 한껏 높여 울부짖는 함성하며 지치도록 휘갈겨대는 감각의 그악스러움이라니. 반드시 그같이 묘사하여야만 어딘지 모를 허전함이나 쓸쓸함 달랠 것 같아 기어코 헤매던 작가의 심사란 것이 도리어 문약하게 화석화된 건 아니었을까.

하기야 적발의 표징으로 성욕의 거품방울을 단서화하는 작업도 과학적 기법은 아닐 것이다. 그러나 감상 역시 또 하나의 주관과 감각을 요구하는 일일진대 느낌의 공허를 보완할 대안장치가 마련되기 힘들다면 이들 사이의 간극을 단지 예술로만 둘러대는 일도 바람직스럽진 않다. '충분하다'는 것과 '모자라다'는 것 사이의 경계선 '긋기' 역시 극히 주관적인 문제일 테니까. 이들 사이의 간극을, 그것도 감각으로 메우고 증폭시키는 일 또한 작가의 몫임을 부인할 길은 없다.

독자에게 미리 묻고 반응 여부에 따라 움직이는 게 만화창작은 아닐 터이다. 작품의 감상과 수용과정에서 겪어야 할 작가와의 의식 괴리는 논의대상에서 제외된다. 이 엄연한 사실을 인식하는 과정에서 작가의 사회적 책무와 문화적 영향력은 새삼 도드라진다. 하지만 가혹하게도 작품은 작품으로만 남을 수 없고 엄연한 문헌이자 텍스트로 항존한다. 구태여 찢어버리거나 불태워 없애지 않는 한.

누가 이 시대에 성인만화의 분서焚書와 갱유坑儒를 외치

리오. 부정과 파괴 혹은 절멸의 상상조차 허용할 수 없는 엄혹한 문화 팽창의 '신세기'에 만화는 극한의 비중을 발휘한다. 이 점에서 작가는 진작부터 교사요, 정치 미디어의 주창자였다. 따라서 아무리 작가가 '그게 아니라'며 외친들, 아니 평론과 세인들의 수많은 입이 외면의 눈길마저 기하급수적으로 보태준다 한들 어느 한 사람 '그렇다'고 동의한다면 논의는 새삼스러워져야 한다.[3] 따라서 만화정치학의 민주화는 오래전부터 예고되었던 일일는지 모른다.

그러나 이 땅의 성인만화를 떠받치고 있는 항존의 축 껍질에는 여전히 '섹스'와 '폭력'이란 두 개의 라벨*Label*이 튼실히 붙어 있다. 그것은 곧 이 나라 성인만화의 힘이자 동시에 꼼짝 못 할 짐으로 양 어깨를 짓누르는 미魔의 요소다. 변수가 아니라 아예 굳어진 상수이자 난공불락의 요새로 말이다. 그렇다면 다시 한 번 새삼스러워지자. 대관절 왜 이 땅의 작가들은 그 두개의 라벨 앞에서 사족을 못 쓰는 걸까. 이건 어리석은 질문일까. 수요에 맞춘 공급일 뿐 공급이 창출한 수요는 아니지 않느냐고?

어디가 먼저였든 중요한 건 '절대수요'와 '절대공급' 균형이 신화처럼 팽팽히 이어지고 있다는 점이다. 그같은 향연이 조용히 치러지는 사이 또 다른 창조적 아류와 건설적 복제의 행진이 오늘 이 시간 어김없이 계속되고 있다는 사실 앞에 우리는 새삼 숙연해진다. 그것은 이미 헤일 수 없이 흩어져 버린 이들의 본능과 사회적 엄숙주의 이면에 도사린 도발적 충동을 위로하기 위해 마련된 양식들이었다. 이를 통해 기꺼이 답하고 또 새로운 자극의 가지를 키우려는 작가들은 대중문화의 조류를 추수하기보다 기왕의 방축 위에서 대안의 선묘를 노리며 분열 · 팽창하고 있다.

섹스와 폭력이 어쩌지 못할 성인만화의 상수로 자리 잡게 된 저간의 역사야 예서 논하지 말자. 그보다 차라리 이들이 어떻게 분화 · 만개하고 분열 · 정착해 가고 있는지 창작맥락의 '매듭'과 '돌기'를 짚어보기로 하자. 너무나 흔한 비판대상이 되어버린 두 '라벨'의 문제는 가히 피치 못할 대중문화의 부정적 전거로 작동한지 오래다. 그것도 독한 비난의 오브제로 낙인찍힌 채.

하여 마치 그들이 악의 화신이나 마귀의 전령이라도 되는 양 침 뱉고 토악질해대야 할 필수 타깃이 되었어도 어쩔 수 없는 상황이 되어버린 것이다. 자기들은 커튼 뒤에 숨어 온갖 짓 다 해대도 피켓 든 인간들의 격한 구호가 바깥 세상 도배塗褙해 버릴 때, 감히 그들 향해 '위선떨지 말라'고 소리 한번 내지를 위인조차 없어진지 꽤 되었다. 그리하여 세상 구석구석 널부러진 쓰레기쯤 인식해 버려도 저들을 구원해 줄 천사는 어디에도 없는 게 오늘의 이치다. 보는 동안 화끈하고 펼치는 만큼 후련할망정 티내며 살기란 여간 쪽팔리는 게 아니다.

이 땅이 성적으로 유달리 이중적이고 또 위선적인 문화에 찌든 곳이 되어버린 까닭이야 책으로 따지자면 두터울 것이리라. 떠들자고 덤비면 한도 끝도 없는 핑계로 넘쳐나는 게 이 대목인 걸 누가 모르랴. 그걸 왜 여기서마저 핏대 올려야 할까. 시각적 즐거움이란 것도 '고상'과 '천박'의 경계를 미리부터 긋고 시작해야 뒤탈 없는 나라인 걸 뉘라 탓하며 뭘로 꼬투리 잡아 물고 늘어지리오. 그렇담 서로가 서로를 훔쳐나 보지 말 것을, 참견과 비난은 또 원도 없이 난무하는 저 기이함도 따지고 헤쳐보자면 상당한 공간이 필요할 것이다.

섹스와 폭력을 선호하는 것도 취향이자 선택의 문제일 뿐이라며 에둘러 말한다 한들, 그녀에게도 어쩌지 못할 성욕과 당장 때려 엎고픈 극단의 성정이 전설(?)처럼 녹아 있음을 부인할 길은 없다. 쉬운 표현으로 바꾸어 보자. 세상에 '밑바닥 없는' 인간이 어디 있겠는가. 말하지 않고 드러내질 않으니 그렇지 까놓으면 구린내요, 벌려보면 다 퀴퀴한 것임을 왜 굳이 도리질 치며 아니라 숨기는 건지 그걸 꼭 말로 해야 알 일일까.

내게 후련한 일은 분명코 타인도 일정 부분 공유하거나 인정할 일이라 보면 크게 틀리지 않을 것이다. 누가 누구와 욕정에 겨워 침대 위에서 아니 온돌 위에서라도 뒹굴 때, 굳이 훔쳐보려 기 쓰지 않아도 고스란히 전달해주는 미디어가 엄연하다면 대체 그걸 왜 마다하며 본능의 솔직함으로부터 스스로를 유폐시킬 것인가. 내숭을 꼭 떨어야만 시원할 일일까. 내가 당장 맞고 때리는 당사자가 아닐지라도 대신 맞아주며 흠씬 때리는 착시상황에서나마 통렬한 피의 제전에 동참하는 일이 그렇게 죄스러운 걸까. 악의 난무 앞에서 더 없이 진지하며 폭력 에너지의 솔직한 분출을 세례처럼 체험하고 거짓같이 퍼붓는 시선의 충돌을 한사코 거역할 까닭이란 또 어디 있겠는가 말이다.

'섹스와 폭력을 좋아한다'는 언명言明에 실눈 뜨며 비웃음치는 위선보다 더 큰 일은 없다. 본능 앞에 솔직한 게 대체 왜 문제된다는 말인가. 엉뚱하게 호도하고 은근하게 비난하니 문제인 것이다. '개념'이 문제를 일으킬 리 만무하며 유형무형으로 들러붙은 온갖 편견과 오해의 골이 깊어도 한참 깊으니 문제인 것이다. 세상이 행위 자체를, 그리고 의미 자체에 혹독한 낙인을 찍으려 했음도 사실은 아니다. 세상이 허락하는 인간관계를 기꺼이 벗어나 삶의 성가신 규범을 정면에서 부수려들 때 저 두 개의 선연鮮然한 라벨은 원색의 향기를 더하며 비루와 세속의 악취를 도맡아 끌어안는 속죄의 양떼들로 전락하곤 했던 게 그간의 사정이다.

행위와 경험 주체가 비록 제 자신이 아닐망정 섹스와 폭력은 이미 개인적 선호대상이기 이전 공통의 관심대상이었다. 우선의 까닭은 개념 자체에 흠씬 배어 있는 '극적 극단성a Dramatic Extremity' 때문이었을 터이다. 누구라도 겪을 수 있으나 아무나 쉽게 범접하기 힘들고 언제 어느 때든 나의 '일'이 될 수 있어도 타인의 '그것'은 늘 아련하고 괴이怪異쩍은 생소함으로 내 자신 후벼파는 매력적 마력이 거짓처럼 뭉뚱그려지는 행위의 덩어리가 '그 둘'임을 구태여 힘주어 말해야 알 일이려나.

자신의 섹스와 폭력이 타자의 시선에 어떻게 나포될 것인지 보다 다른 이의 '그것'이 나의 심상에 무엇을 어찌 꽂을지의 기대는 단순한 궁금증을 늘 넘어선다. '떨림'과 함께 아삼삼한 꿈의 파편처럼, 게다가 '울림'의 모습으로 다가오게 마련인 걸 뉘라 부인할 것인가. 작가들 거의가 얄밉도록 야속해지는 경우란 이 순간 낚아챌 타이밍 미리 헤아려 스스로 무장할 때라 여긴다면 지나친 상상일까.

작가의 선지先知능력과 독자의 합법적 관음욕구(?)가 어느 한 지점으로 기막히게 수렴될 때 성인만화의 점유율은 시장을 압도한다. 어디 비단 성인만화만이겠는가. 대중문화의 대표 장르들이 발휘하는 성공 신화와 어처구니없는 좌절의 역사도 모두 다 이런 예감과 유통의 메커니즘에 의존하고 있는 이치도 이젠 상식 아닐까. 평범하겠다면 소박한 일상의 행복을 곱씹어야 할 터이고, 튀고 돋보여 더욱 크게 노리려면 걸맞는 비용과 노력을 감수해야 했던 게 아니었는가.

그 정글의 원리가 시장 곳곳을 무슨 종교적 신조마냥

제압할 때 보다 정교한 절차와 세련된 공정을 거치지 않고도 감동과 흥분의 토양을 마련하긴 힘들었다. 행운의 손짓도, 이른바 그 여신의 체취란 것도 눈물겹게 노력하고 성실을 생명보다 소중히 여기는 경우에 한해 거짓처럼 다가서는 일들이었다. 어디 공짜가 가능했겠는가. 독하게 성실하고 의무 이행에 앞장선 작가들의 노력이 직업 정치인들의 공약과 현실정치의 허구보다 한층 소중한 것임을 자각할 때 한국 성인만화의 정치학은 의미를 더한다.

이 땅의 성인만화가 익명의 대중을 향해 본격적 나래를 펼치는 방식은 서로 다른 몇 개의 단계를 거친다. 몇 가지 작업단계가 성애 장면 처리에서 대중적 흡인에 성공할 때 작가들은 결정적 배설과 만화적 발산의 회로판을 작품 곳곳에 지뢰처럼 묻는다. 성애를 바탕으로 삼는 한국 성인만화의 정치전략이 그처럼 자리 잡은지도 꽤 된다.

필자의 분류방식이 반드시 일관성을 갖는 건 아니다. 보편성이나 통일성을 기하는 무슨 원칙처럼 굳어 있는 건 더더욱 아니다. 혹여 작품별 · 작가별 다양성을 가로막는 대중의 강압적 요구가 독자들의 무의식적 특권일지라도 이를 기꺼이 받아들여야 할 의무 역시 이 땅의 작가들에겐 없다. 하물며 작업단계와 그 순차적 전개과정에마저 독자가 끼어들 여지란 게 어찌 가능하겠는가.

그럼에도 불구하고 필자가 주목하는 것은 한국의 성인

만화를 관통하는 성애 표현양식의 결정적 유사성에 있다. 통일과 체계적 일관성은 기하지 않는다 해도 성애의 전개와 만화적 처리가 느닷없는 경우란 결코 없다. 동시에 아무리 질펀한 육체의 향연도 남녀의 무한 탐닉과 단순반복 기제를 골자로 삼진 않는다. 아무리 좋다한들 그것조차 분간 못 하고 자발적 초월역량을 확인하지도 않은 채 하염없이 작업의 금도襟度를 어긴다면 그는 작가이길 포기한 경우일 것이라는 게 옳은 표현은 아닐지.

배설과 발산의 정치전략은 크게 세 단계, 작게는 모두 여싯 가지 절치를 거치며 구사된다. 물론 선별적 응용과 잠정적 도치는 감안하고서 말이다. 작업방식의 구체적 전개와 표현의 디테일들도 여기선 차치하기로 하자. 그건 숍은 시면을 훌쩍 뛰어넘는 일일 테니까. 다만 작가들이 어떻게 주인공들의 격한 감정 추스르며 독자들의 흥미를 유발하려 애쓰는지 이야기 전개방식의 유형과 특징을 살펴보기로 한다. 흐르고 넘치는 성인만화의 물동량이란 것도 기실 이를 지배 · 결정하는 흥미 덩어리와 스토리 결절結節의 크고 작은 쇼크들이 독자들의 시지각을 어떻게 흔드는지와 깊이 연관된다.

주인공과 조연이 그들 사이의 갈등을 어떻게 해소하는지는 작가가 기대는 일상의 방식이다. 특히 섹스와 폭력이란 두 개의 상수를 처리하는 방식이 작품의 완성도와 긴밀하게 맞닿아야 할 상황 속에서 얘기의 인과론보다 시각적 흡인의 모티브는 더욱 중요하다. 읽으며 감동하기보다 보면서 같이 흥분하도록 틀 지워져 있는 게 성인만화의 운명이니까.[4]

삶이 무료하여 꼭 긴장이 필요했던 건 아니었을 것이다. 누구라도 겪는 긴장과 갈등을 마치 내 얘기처럼 풀어주는 대타代打의 존재가 있어 한결 흥미롭고 눈여겨 보아야 했던 건 아니었는지 따져볼 때다. 섹스와 폭력도 그 자체로만 흥미로운 건 아니었다. 내가 못하는 행월[5] 기꺼이 치러내며 보란 듯 즐거워하거나 슬퍼하는 종이 속 인물들을 향해 때로 웃고 아쉬워하며 감정이입 행위 그 자체에 취하는 건 정말이지 말리지 못할 본능과의 회동이었다.

지나치려 했으나 저 숱한 작품들은 각기 시비를 걸었다. 참으려고도 하였으나 더는 견디지 못할 욕정이 솟구쳐 도덕과 윤리는 가책의 빗장 너머 저당잡기로 했던 것이다. 패더라도 어디 꼭 박살을 내야만 풀릴 직성이었으랴. 찌를 시늉만 할 싸움이었으나 칼끝에서 뼈 부서지는 소리까지 한사코 들어야 했던 것도 '놈'의 같잖은 거드름 때문이었던 걸 어디 꼭 구차한 변명처럼 덧붙여야만 하는 걸까.

욕설과 비아냥만으로도 충분했던 여인을 기어코 욕보인 진짜 핑계란 게 그놈의 지분냄새 때문이라 고백한다면 보스의 체면이란 건 여지없이 무너져내릴 일이다. 그래도 그게 사실인 걸 있는 대로 내보이려 애쓰는 작가 곁에서 독자의 이름으로 허물어져 주는 건 차라리 인간적이지 않은가. 찌르고 쑤시며 자빠뜨리고 훑어대며 토악질하는 인간의 저 끈끈한 속내를 여과 없이 드러내는 일이 그래서 하등 문제될 게 없다고 자유로이 느낄 때, 성인만화의 질감은 투박하지도 역겹지도 않은 문화의 속내로 어느 새 친숙해지게 마련이었다.

저 거론조차 힘든 '경우의 수' 앞에서 어찌 만화의 일반이론을 운위하리오. 있을 수 있는 온갖 상황의 헤아림에 앞서 이들을 관통하는 지배적 조류가 중요한 것은 '성애의 급진성'과 '폭력의 원색성'이 서로 관계 맺는 까닭이랄까 혹은 그 방식이 묘연했기 때문이다. 게다가 그들 사이를 입체적으로 천착해야 했기 때문이다. 뿐만 아니라 그 연결고리와 관계의 독특한 양식이 설득력을 발휘할 때 그처럼 분주히 '유통-확산-재생산'되고 있는 성인만화의 메커니즘도 이해의 틀을 새삼 갖출 수 있을 것이다.

필자가 주목하는 성애 표현의 만화적 양식과 폭력행위 묘사는 시간적 변이에 따른 당사자의 인간관계 변화와 직결된다. 그건 섹스와 폭력이 '이음동어'라서가 아니라 그들 속성의 공통분모가 기막히게 끈적이고 원색적으로 내통하기 때문이다. 염치없도록 순수하게 다가서는 상대와의 감각적 교류나 기어이 피 보며 목숨 앗아버리도록 그악한 감정의 끝을 어떻게든 나눠야만 관계의 긴장을 정리할 수 있다는 점에서 둘은 서로 기막히게 닮아 있다. 입으로 내뱉는 욕이나 성기로 분사하는 정액의 사출은 모두 '쏜다launching' 는 점에서 같다. 죽도록 찌르고 못 살도록 후비며 비틀어대는 양아치들의 칼 '담그기Cut Runs Deep' 나 양성兩性의 성기 교접은 먼저 먹히지 않으려 상대를 집어삼키고 갈 때까지 다 가본 후 잠시라도 죽어야 되살아나는 영물靈物의 이기적 극한을 드라마틱하게 공유한다.

만화마저 근엄하려 애쓴다면 세상은 온통 용납하기 힘겨운 위선과 위악으로 넘쳐났을 것이다. 삿되고 부박한 세상 한 구석에 차라리 온기라도 불어넣어 그래도 여전히 인간이 살고 있음을 보여주려 '함' 은 삶의 또 다른 역설 아닐까. 섹스와 폭력의 기막힌 '닮음' 을 바탕삼아 펼쳐지는 성인만화의 극적 극단성이란 그래서 고의적 삽입이나 관행적 교차로 그 장르 안에 각인된다. 기승전결의 방법론적 응용과 차용 절차를 통해.

긴박과 이완

만남에서 헤어짐까지 저 어쩌지 못할 '관계의 정치' 를 꾸려나가기로는 한국의 성인만화 역시 예외가 아니다. 왜 만났는지보다 만남이 기어이 싸움이나 베드신으로 연결되지 않으면 안 되는 까닭을 '격정 토로'하는 데 지면의 상당 부분을 할애하기 때문이다. 그것은 공개 관음과 감각적 행복 도모를 통한 만화정치의 목적 달성과 직결되는 일이었다. 작가의 선묘 속으로 독자들을 최대한 흡인하고 상상과 현실의 격차를 급속도로 줄여 감정이입의 극한을 노리는 정치전략은 성애와 폭력 현장을 지나칠 때 최고조에 이른다.

그것은 본능 해소라는 욕망의 축과 자본 축적이란 또 다른 이기의 축이 교차하면서 빚어내는 결과인 양 폄하될 때도 있다. 다른 한편, 두 축의 충돌과 불협화가 때로 합작하여 장르 간 조율이나 협조가 망가지는 사례인 양 호도되는 경우도 감안해야 할 일이다. 하지만 어느 경우든 만화가 대중문화의 총아로 여전히 막강한 영향력을 존치시키는 한 그 동력은 이들을 무력화시킨다. 그것은 곧 흥미의 자가발전이 가능한 전방前方의 미디어로 만화는 자신을 낮추고 스스로 지탱할 만한 힘을 늘 비축하고 있기 때문이다.

양식의 분화와 발전은 가능하되 형식 자체의 파괴와 소멸을 스스로 획책하진 않는다는 점에서 만화의 문예적 겸허함은 주목해야 할 대상 가운데 하나다. 그럼에도 불구하고 만화만의 존재이유를 튼실하게 사회화시키는 내부 자원이란 흥미의 동원능력이었다. 흥미의 꼭지점을 때로 예민하고 입체적으로 조절 · 유지할 수 있는 능력으로 인해 만화는 세상의 강고한 장르로 존재하고 있다고 보아야 한다.

흥미 유발 요소 가운데 가장 먼저 눈여겨 보아야 할 부문은 드라마틱한 긴장 모티브다. 그 모멘텀이 해소된 다음이라면 무엇으로 흥미의 시퀀스를 이어 나갈지에 눈길은 머문다. 즉, 이제 막 튕겨진 흥미의 불꽃 꺼트리지 않고 어떻게 퍼뜨려 나갈지 고민하는 이들이 만화작가라 보면 틀리지 않을 것이다. 흥미의 지탱점은 바로 여기서 극적 긴장구조의 '조임'과 '풀림'으로 탄력받는다.

언젠간 승부를 가려야 할 조직의 우두머리, 먹힐 것인지 먹을 것인지 고민해야 하는 조직의 중간 보스, 잃고 얻을 것 사이의 대차대조와 마지막 수확 예상치 비교, 사랑과 이별의 주기적 반복, 연정戀情의 육체적 표현과 감각적 집착, 욕정 해소의 정치과정과 만화적 변용, 마초적 제패와 심리적 굴종 구도의 대립, 승리와 패배의 무한교차, … .

만화적 흥미의 고조를 알리는 시그널은 이렇듯 긴장의 촉발로 시작된다. 긴박감의 상승은 독자의 감흥을 낚아챈다는 점에서 물론 주목대상이 된다. 그것은 반드시 한쪽의 승리와 상대방의 패배를 절대 전제하는 예상 가능한 게임으로 진행된다. '권선징악'과 '욕망무상'의 인습적 코드는 그렇다 쳐도 이를 현재顯在화하는 업데이트 방식이나 상존의 표현양식으로 섹스와 폭력은 이제 성인만화의 불가분의 요소다.

승리를 목전에 둔 사생결단과 사정射精을 의식한 육체

탐닉 상황은 모두 감각적 긴박과 이완을 의식하게 만든다. 그리고 독자들은 보다 리얼한 표현을 기다린다. 긴장의 고조가 흥미의 인입 도구라면, 이완과 해소의 정치는 다음 단계의 탐닉을 예비하는 잠정적 휴지休止 수단으로 이해할 수 있을 것이다. 그래서 뒤쪽 미리 넘기고 끝나버린 호수號數 다음 편을 기다리도록 벌써부터 촉수 건드리며 작가들은 독자의 안타까움도 동시 각인해 간다.

성인만화의 감상 기준을 객관화하기란 쉽지 않다. 독자들의 감각을 서열화하기도 어렵고 상호 소통 가능한 감정 부피란 것도 결코 질량화할 수 없기 때문이다. 설령 그것이 가능하다 한들 모두가 그에 승복하기도 어렵다. 하물며 폭력과 섹스의 만화화에 관한 느낌을 작가가 미리 주문하거나 조형화한다는 것도 어불성설이다. 특히 이들 두 현상이 교차 반복하고 있는 성인만화에서 어느 게 더 흥미롭고 덜 하느냐는 성립하기 어려운 물음일 것이다.

그럼에도 불구하고 세상은 이것들을 거부하려 들었다. 그것은 일단의 만화들이 전혀 사회발전에 도움이 안 되며 문화의 해악과 세상 독소로 존재할 뿐이라는 이유에서였다. 그들은 세상 한 구석에서 따로 혐오의 가치를 조성한다고 폄하했다. 비판과 공격과정에서 우려대상으로 부각된 것은 생생한 폭력의 난무보다 노골적 성애의 묘사였다. 공격은 이미 전방위로 이루어졌고 비판은 비난의 수위를 너끈히 넘나들었다.

세기말 대중매체의 황폐화가 만화에까지 미쳐 세상을 혼탁하게 만들고 있다는 개탄은 이미 반론을 찾기 어려운 지경으로 퍼져가고 있었다. 박주필은 이렇게 말한다.

> 이로부터 스포츠신문의 만화경쟁은 점입가경의 양상으로 치달았다. 『일간스포츠』가 5월 28일부터 매일 'PR판' 이란 명목으로 선정성이 극에 달한 성인만화를 부록으로 끼워 가판에서 팔기 시작했고, 이어 6월 14일부터 『스포츠서울』이 만화별지를 제작하고 『스포츠조선』이 6월 20일부터 별지를 제작하면서 무한의 외설 경쟁시대로 접어들었다. … 만화의 목적은 재미라고 부르짖는 김삼의 경우(그의 만화가 재미있는지는 독자가 판단할 일이다)는 더욱 심해서 줄거리란 결국 여자가 벗는 장면을 만들기 위한 상황설정에 불과하다. 또 그는 성인만화의 독자가 남자가 많은 점을 고려해 남자 주인공은 희화적으로 묘사하는 반면 여자 주인공은 사실적 · 관능적으로(정확히 말해 신체 중요 부위가 과대 확대된 기형적인 팔등신) 묘사된다. 또한 대부분의 상황 설정도 상식선에서는 벌어질 수 없는 지극히 작위적이고 변태적인 상황이 대부분이다.[6]

어느 한 구석 좋게 보아줄 리 없는 극단의 경계와 혐오가 그러나 한국 성인만화의 사회문화적 외연을 넓히는 데 방해가 되었을까. 유감스럽게도 그렇지 않았다. 단지 이같은 '비판적 비난'이 전혀 이상하게 들리지 않는 역설만이 되레 희한할 따름이다. 너무나 흔하고 도처에 즐비하여 있는지조차 확인할 길 없던 사회적 염려와 달리 기실 한국 성인만화의 현실은 눈부시게(?) 발전하여 오늘에 이른다. 주변의 공세와 비판이 현장의 질곡과 환란을 구원하는 황금신약黃金神藥은 아니었던 셈이다.

으레 흐르고 넘쳐났던 성정치적 공박 논리는 되레 시장의 탄력과 대규모 상품 유통을 막아내지 못했다. 시장의 번영이 파수꾼의 총검을 비웃고 창작의 폭발력이 비평의 과잉을 제압하는 저 기이한 현상도 그래서 주목해야 할 일이다.[7]

향유와 절정

서론 없는 본론이 무의미하듯 본론 빠진 결론도 불가능하다. 논리 전개의 법칙이자 비껴갈 수 없는 원칙이기 때문이다. 흥미의 조형造型에도 예외는 없다. 성애의 표현과 폭력 묘사에도 이는 물론 어김없어야 할 일이다. 그냥 지나칠 수 없어 긴장의 균형을 깨고 이를 어떻게든 수습해야 한다는 욕구가 또 다른 상황을 연출할 때 이를 바라보는 독자들의 흥미는 배가되게 마련이었다.

공존할 수 없는 두 개 혹은 그 이상의 실체가 현실적으로 공존해야 할 때 갈등이란 이름의 '불꽃'은 현란하게 일지 않던가. 불길 모으는 내부의 동력을 이름하여 '모순'이라 바꿔 불러도 상황은 바뀔 리 없었다. 당장 사라질 알력도, 금세 없어질 마찰도 아니란 점에서 그것은 어떻게든 눈여겨 보아야 할 긴장 유발의 씨앗으로 작동한다. 독자 역시 갈등 주체이자 모순의 대상임에도 불구하고 글로 겪는 관음과 그림으로 보는 훔쳐보기에 자기 처지를 잠시 잊을 따름이다.

긴박과 이완 사이의 갈등 해소는 결국 감각 고조와 팽창 아니면 철저한 패배와 후퇴로 이어지는 극한의 진자振子pendulum운동으로 나타난다. 이는 물리적 억제나 팽창의 그것처럼 세상사 인간관계가 단순히 발생하지 않고 모두 다 그럴 만한 이유와 불가피한 까닭이 있음을 전제한다는 점에서 '재미의 객관성'을 담보한다. 남이 슬퍼하는 걸 보며 흥미롭다고 느끼거나 타인이 얻어맞는 걸 의식하며 통쾌해하는 것 자체가 병리적이라면서 비판부터 하려 '듦'은 따라서 잠시 접어둘 일이다.

어쩌랴. 시각적 즐거움을 순간의 행복으로 자각하고 감각의 쾌락도 궁극에는 드러나는 기쁨인 것을. 작품 속 긴장 촉발과 이를 어떻게든 풀어야 할 부담은 곧 작가의 흥미 유발 능력과 직결된다. 피 터지게 싸워 해소해야 할 갈등이라면 목숨 걸어야 할 것이며 야수처럼 물고 뜯어 다스릴 욕망이라면 둘 중 하나는 먼저 오르가즘을 추동해내야 할 짐승이 되어야 하는 이치를 무슨 윤리와 도덕의 병풍으로 가려 마다할 일이겠는가.

철저한 게임 법칙이 적용되는 공간이 그래서 한국 성인만화의 지면이다. 승리 아니면 패배를 철두철미 담보함으로써 상황의 절박을 공감할 수 있게 만든다면 몰입의 의도는 성공한 셈이다. 절정 속에서 몸부림칠 정도로 아찔한 열락의 모멘트를 누릴 수만 있게 해준다면 성인만화 탐닉의 미로야 나올 길 미리 찾아 빠져들 대상은 아니었다.

거친 숨결, 땀으로 범벅된 나신의 충돌, 뒤엉킨 남녀의 육체 탐사와 성기 교접의 향연, 교성嬌聲의 확대와 본능적 순수의 극한 추구, 풀려버린 눈빛과 고의적 해이解弛의 지탱, 사정射精과 가사假死 행위의 반복에 담긴 극단적 이기주의, 오르가즘의 연장과 감각적 행복의 유대, '살Flesh' 로 살을 확인하고 소비가 생산의 원천임을 재확인하는 무한 노동의 순환.

하기야 '절정의 향유' 를 어찌 말로 풀 것이며 단어로 조립할 일일까. 드러내자면 그렇다는 얘기일 뿐, 뜨겁고 차가운 게 어디 언어 굴려 조합할 일이겠는가. 어쨌든 작가의 성애 표현이 다다르는 시각적 흥미의 '고점高點' 은 작중 인물들의 오르가즘이 더 없이 강한 열락의 순간을 헤맬 때 종결되고 그 '다음' 예비하게 마련이다. 속절 없이 미련 없이.

당장은 행복하고 우선은 채워야 하는 이유가 긴박할 때 삶의 무슨 우회적 핑계가 필요할까. 육체와 감각의 갈등을 그저 강박과 긴장 속에 가두어 둘 필요가 없다는 판단이 섰을 때 어디 가책이란 단어 하나로 모든 걸 묶어버릴 일이겠는가 말이다. 차가울 때 뜨거움으로 가리고 따뜻할 때 추움으로 감각을 호도함은 차라리 오만일 것이리라. 그리하여 바깥 세상 온갖 도덕군자들의 오만이 극을 달릴 때 작중 남녀가 같이 허물어지고 서로를 탐하는 행각이 만화 속에서 전혀 이상한 일이 아니 되는 것을 무엇으로 시비하겠는가 말이다.

그러나 '절정을 누린다'는 개념을 만화에 적용할 때 이는 어디까지 가능한 일일까. 물론 어느 경우든 개인의 감각 차이를 고려하지 않을 수는 없을 것이다. 그럼에도 불구하고 느낌의 클라이맥스란 자제하지 않는 한, 누구든 언제나 감지하는 쾌락의 절대값을 함유하는 게 아닐까. 여기서 매체 그 자체의 부피나 질감은 고려할 필요가 없을 것이다. 그것이 영화든 소설이든 아니면 누디티를 담은 포토 형식이든 아예 하드코어 포르노든 보는 이를 성적으로 자극하는 초동단계에 콘텐츠를 담는 용기와 사이즈는 부차적일 뿐이다.

영화 「마지막 지하철Ultimo Metro」[8] 인트로*Intro*에서 틴토 브라스는 이렇게 잘라 말한다.

> 창소적인 섹스에 관한 상상은 무엇보다 커다란 환희를 느끼게 해야 하죠. 하지만 터무니없는 광기를 보여선 안 돼요. 이 짧은 이야기 속에 잘 표현되고 있습니다. 제목에서부터 그 의미를 느낄 수 있죠. 트뤼포의 유명한 영화에서 나온 적이 있는데 … 우리는 쾌락과 아이러니의 세계에서 만난다고 말하죠. 그렇다고 드라마나 비극 같은 건 아니고요. 에로티시즘은 보는 것만으로 충분할 때가 있습니다.

인식의 극한을 이끌어내는 건 곧 경험의 극단 아닐까. 그러나 그같은 극단의 조건이란 누구나 겪을 수 있는 일상의 모습을 담보하진 않는다. 아무나 쉽사리 '지기 것'인 양 끌어올 만큼 '만만함manageability'을 내포하진 않는다. 이 점에서 대체 경험의 필요성이 등장하고 이를 간파한 산업이 진작부터 발동된 것 아닐까. 이른바 '유통의 경제학'이 둥지를 튼 것도 이미 오래 전 일 아니었는가.

그렇다면 보는 것만으로도 충분한 대상 가운데 섹스의 범주를 넘어서는 건 또 뭘까. 욕구의 자연스런 분출과 그 극점에서 치르는 즐거움의 폭발이 '섹스'라면, 죽도록 손봐 버리고 다시는 일어서지 못하도록 목숨조차 앗으려 치 떠는 일일랑은 '폭력'의 향유로 이해하면 족할 것이리라. 둘은 그러고 보면 많이 닮아 있다. 극한의 탐닉과 감각의 끝이 허여하는 잠정적 죽음의 모습이나 죽임의 욕구에서 말이다. 어느 한쪽이 죽거나 죽여야 끝나는 극단의 게임으로 보자면 둘은 어른들의 놀이치곤 위험하고도 소비적인 행각에 틀림없다.

찢어진 눈매에서 뿜어 나오는 분노의 불꽃, 단서만 포착되면 잔인의 극을 달릴 살의의 충만, 복수의 염원 하나로 이글거리는 적대세력의 각오, 욕설이 표준어가 되고 표준어가 촌티 나는 언어체계의 완전 전복, 폭력의 과잉과 절제의 후퇴, 보스에 대한 맹목의 충성과 부하를 향한 무조건의 비호, 면종복배面從腹背와 불충의 엄금, 위악의 미학과 위선의 전략 난무, 주먹과 발길질은 기본이요 도검과 총기는 선택사양인 도구의 정치화, 배반과 변절대상의 잔혹한 배제, … .

솔직함도 지나치면 역겨운 법. 그러나 더없이 순수하고 진지하여 내뱉은 욕설이요, 내지른 폭력이었다면 거둬들일 방법도 아예 없는 게 이 바닥 생리다. 폭력의 학습이 실천방법의 급진성을 배양하기로는 그러니까 마르크스나 레닌만이 아니었다. 그들의 방법론적 전유가 되레 문제해결의 최단경로였음이야 세상이 다 아는 얘기다. 하지만 말 안 듣는다며 찌르고 빚 안 갚는다고 주어 패는 행각으로 서슴없는 성인만화 속 급진 미학은 이를 진작부터 터득한 양 적용 지평을 끝도 없이 넓혔던[9] 셈이다.

'절정의 향유'란 어차피 참지 않기로 작정한 후 누리는 기쁨과 즐거움의 '끝'이다. 따지고 보자면 성인만화의 필수

메뉴로 섹스와 폭력이 반복 채택되는 것도 이들 두 행위가 지니는 절성의 통렬함 때문일 것이다. 독자들의 간접체험 메뉴로 '오르가즘' 그 자체나 맞고 괴로워하는 자의 일그러진 표정 확인만으로도 작가의 의도가 정치적으로 성공하는 건 바로 이같은 이유에서다. 뿐만 아니라 찌르고 쏘며 죽어가는 자의 목숨을 단발마로 확인하면서 자기만의 기쁨(?)을 절절이 되짚는 대목에 이르면 합법적 관음의 사디즘이 다다르는 막다른 골목길은 어느덧 찬연한 무지갯빛으로 아로새겨진다. 하물며 잠시 죽었다 깨어나는 침대 위 그녀와의 끈끈히고 폭력적인 '살 전쟁' 에서야 말해 무엇하랴.

허무와 망실

'누림' 의 아득함이 끝나고 나면 무엇이 남는가. 남음? '미련' 보다 강한 게 '후회' 였던가? 차라리 맺지를 말거나 저지르지 말 것을 왜 그랬던 걸까? 하지만 아무리 빨리 해도 늦는 것이 후회라면 그 역시 자초할 일은 되지 못할 터. 이미 보고 듣고 느낀 감각의 극한이라면 겪고 난 다음 굳이 되돌려 무엇하겠는가.

하지만 그도 그럴 것이 구태여 죽였다고 통쾌할 일은 아니었다. 기어이 사정射精했다고 다시 '그 일' 을 염두에 두지 않을 일도 아니었기 때문이다. 배설과 발산이 쾌락과 허무를 기묘하게 결합하고 회한의 심리마저 덤으로 안겨주는 역설의 시그널은 성인만화 책갈피를 여미는 즉시 물밀듯 밀려오고 있었다.

영상의 구체성을 필름만큼 담보하진 못할망정 생략과 도약을 무릅쓰며 스토리의 박력마저 충분히 담보하는 만화이기에 회한의 부피 역시 만만찮게 비례한다. '다음을 보고 싶다' 는 욕망은 다시 유통의 경제학을 건드리지만 이처럼 묘한 되울림은 어른들의 만화만이 다시 동원할 수 있는 궁금증으로 확대 재생산된다.

극단적으로 비유하자면, 후회의 끝자락을 또 다른 행복의 마취 향香으로 태워 없애야 하는 장르가 성인만화 아니었던가. 밀려드는 회한의 자리일랑은 더 독하고 강한 자극으로 메워야 한다는 부담 때문에 강박처럼 시달리고 피 마르도록 쫓기는 이들이 작가라 보면 지나친 걸까. 읽어도 허전하고 보아도 허무한 게 그 대가라면 독자들은 작가에게 정치적으로 무엇을 요구해야 할까.

그 답을 당장 주문함은 허튼 욕망일 것이리라. 이 땅을 누비는 성인만화의 속내를 다시 들여다 보며 작가를 무언으로 압박하는 일 외에 튼실한 대안은 없지 않을까. 여기서 우리는 성인만화가 유독 선호하는 감각의 파편성이나 이를 동원하려는 작가들의 전략에 새삼 주목하게 된다. 이른바 능률적 감정이입의 경로 만들기는 거꾸로 허무와 상실감을 극복하려는 비밀의 문과 통하지 않을까. 그래서 그 문 열고 들어갈 열쇠 모형마저 이미 어딘가 숨겨놓고 있는 게 아닐까.

생각해 보자. 그리고 곰곰이 따져보자. 대관절 물 반 · 고기 반이라고 의성어의 혁명적 삽입이 한국 성인만화의 선묘 부피 절반을 압도하는 까닭을 말이다. 의미 없이 이유 없이 만화의 공간을 차지한 게 아니었다면 프레임 몇 개를 넘나들며 독자의 눈과 뇌리를 그야말로 폭력처럼 제압하는 저 의성어의 강물일랑은 도무지 뭘까. 견디기 힘든 주인공의 감정? 이를 액면 그대로 전달하려는 작가의 감각적 파도? 혹은 그 파편 덩어리? 아니면 단순명료한 정치적통치적 지배전술의 하나?

다음 12 작품[10]을 관통하는 의성어의 폭주만 해도 그렇다. 보기에 따라서는 작가의 가혹한 주문이자 시지각의 혹독한 단련 과정으로 점철되는 가외加外의 말풍선들은 대사 일반의 감흥과 의미의 골을 더욱 입체화하고 느낌의 각角을 돋우려 적극 채택된다. 감정의 오버가 때로 폭력 수준을 넘어 불합리의 장벽 위에서 널뛰는 경우도 흔하지만 만일 이들이 제대로 기능하지 않는다면 솔직히 감각의 허무와 망연함은 그 역설의 퇴로를 찾지 못할 것이다. 아니, 기대고 비빌 언덕조차 없으리라.

의성어의 과장과 집중은 비단 이들 경우에만 국한되지

않는다. 이미 공시적 변수이자 한국 성인만화 보편의 현상으로 굳어진 게 사실이다. 하지만 저 ① 과장의 과잉과 ② 집중의 폭력적 반복이 ③ 주기적 · 사회적 확산을 통해 ④ 작품으로 고양 · 인정될 때 어느덧 ⑤ 문화의 관행인 양 자리 잡았음을 우리는 확인한다.

경우에 따라 이는 감각의 황폐화 혹은 말초적 빈곤을 도모하는 전형적 패러독스일 수 있었다. 이들이 곧 세상을 잠식할 독소가 되어버리거나 암묵적 위협 요소로 탈바꿈할 가능성조차 염두에 둘 필요가 있었다. 누군가는 받아주거나 들어주어야 할 대속절차가 간절했던 양 말이다. 세상 어른들의 온갖 투정까지 고스란히 내면화시켜야 할 책무가 하필 만화영역에 위탁 · 확장되는 과정은 이렇듯 간단치 않은 메커니즘을 바탕에 둔다.

作品出處	卷數	作/畵
擬聲效果의 斷絕과 持續		
개비도(서울 : 대원문화출판사, 1998)	1	김소현/목경수

헉헉 4 / 흐읔 4 / 오호호호호호호 25 / 후아 28 / 콱 35 / 핫! 37 / 꺄아아아악~ 62 / 빠직 72 / 아아아아아 75 / 크 앙 90 / 벌떡 102 / 퍽 108 / 콰악 109 / 털썩 114 / 꾸아아악 121 / 히익 123 / 덜컥 124 /

꺄아하하하하 · 우히히히히히히 176 / 덥썩 177 / 쿠쿡 183 / 직끈 184 / 팍 187 · 파박 187 / 철컹 187 / 콰콰쾅 190 / 씨익 · 쩍 191 / 콰악 194 / 퍼버버벅 194 / 쩌억 195 / 휙 198 / 휘리릭 201

폭주제비(서울 : 대명종, 2003) 1 장세이

스읏 11 / 아 … 17 / 탁 34 / 확 35 / 틱 37 / 콰악 59 / 저벅 저벅 65 / 콰악 70 / 으허헉 · 벌떡 72 / 하아 73 / 타앗 탓 74 / 촤아악 74 / 붕붕붕 · 하아 하아 하아 75 / 하아학 76 / 스읏 84 / 퍽 퍽 퍽 퍽 92–93 / 씨익 133 / 쿡 133 / 쏴아아 135 / 타탁 148 / 쉬악 152 / 콰당 153 / 쿵 155 / 척 · 타앗 156 / 휙 · 촤악 157 / 파 악 160 / 빡 · 크아악 · 쿵 160 / 콱 · 커억 163

오팔팔 블루스(안양 : 자유구역, 2004) 1 구달

쏴아아 27 / 드르륵 · 턱 29 / 꽈 악 · 아아악 30 / 퍽 · 아욱 · 후다닥 32 / 퍼억 · 아악 · 텅 33 / 터엉 34 / 후욱 35 / 처억 · 쑤욱 38 / 화악 · 꺅 · 오우! 39 / 아아악! 41 / 쑤우욱 · 어헉 · 으으으 … ! 42 / 아아아 · 퍼억 퍽 · 꺄아아악 43 / 덜컹 57 / 스읏 60 / 하하하핫 62 / 턱 · 화악 · 벌러덩 64 / 슥 · 틱 70 / 꾹 · 벌떡 73 / 탁 · 드륵 74 / 끼릭 · 휼렁 83 / 타타탁 89 / 타앗 98 / 철컹 126 / 휙 · 턱 · 드르륵 132 / 와락 · 끄덕 끄덕 141 / 콰당 148 / 와당탕 151 / 튓 154 / 퍽 · 아악 155 / 추추춧 161 / 빡 169 / 후다닥 172 / 탁타탁탁 174

기쁨조(서울 : 대명종, 2005) 1 장세이/김선권

턱턱 · 부우우웅 12 / 크하하핫! 16 / 쾅 23 / 부들부들 · 꽈악 35 /

바들바들 · 흑 흐흑 36 / 스으윽 · 쑤욱 · 허어억 37 / 끼릭끼릭 · 아아 38 / 펑 펑 펑 40 / 끽 · 척 46 / 하하하핫! 49 / 칙 · 후 55 / 또박 또박 · 슥 59 / 푸욱 · 헉 · 퍽퍽퍽 · 푹 73 / 끄윽 · 끄 74 / 읍읍 · 저벅 저벅 · 퍼어억 75 / 휙 · 챡 93 / 훌러덩 103 / 헉 107 / 툭! · 스윽 110 / 스륵 · 꽈악 · 하아! 111 / 하아 · 아흐흑~ !! · 음… 112 / 또각또각 135 / 휙 137 / 끼이이 · 뚜벅 뚜벅 138 / 척 척 척 140 / 두 둥 141 / 슥 · 번쩍 142 / 흐음 · 까르르 145 / 쿵작쿵작 152 / 타 앙!! 160 / 쭈욱 · 훗!! 161 / 벌떡 163 / 짝짝 짝 164 / 우르르르 165 / 부우우웅 171 / 끼이익 · 텅 172

용주골(서울 : 청솔, 2001) 1 김성모

휘우우웅 14 / 뿌드득 뿌드득 15 / 쿠궁 20 / 치익 22 / 쿠우웅 23 / 슥 33 / 아! 아! 아! 35 / 앙! 아아아 · 앙! 36 / 끄으 … 으 … 50 / 쿵 · 읍! · 읍! 54–55 / 꽉–56 / 퍽 퍽 퍽 · 욱! 57 / 퍽 퍼 퍽 58–59 / 아–아 … ! · 휘이이이이이이 60 / 벌컥 벌컥 65 / 휙 · 퍽 67 / 헉 헉 헉 72 / 쫙 97 / 퍽 · 훅! 99 / 철컥 104 / 후우 110 / 찍 111 / 우웩 우웩 114 / 흐흑 흐흐흑 … 115 / 빠악 118 / 하아 하아 · 아으으으 … ! 129 / 끄앙 · 악 · 콱 콱 콱 콱 134 / 아아아아! 135 / 텅 텅 텅 퍽 · 스륵 149 / 슥 · 피식 150 / 붕 · 스슥 160 / 턱 · 팍 · 콱 · 우두둑 160 / 두두두두두 ㄱ 164 / 바앙 바아아앙 165 / 부앙 166 / 쪼르르 167 / 콱 · 꺄 172 / 헉 헉 184 / 아아아아~ ! 165

호스티스(서울 : 대명종, 2003) 1 김성모

퍽퍽퍽퍽 · 아아아~ 14 / 짜악 21 / 빽빽 22 / 엉엉엉 엉엉 · 흐어어엉! 23 / 짝 · 까악 26 / 와장창 · 터벅 터벅 28 / 슥슥 · 덜컥 · 벌

컥 벌컥 37 / 스읍 39 / 찌이익 42 / 쿠당 43 / 으흐으윽~ · 퍼퍽 44–45 / 퍽 퍽 · 흐흐흐 … 46 / 으 … 으 … 47 / 턱 · 흑 50 / 쪼르르 쪼르르 · 끄덕 끄덕 60 / 후다닥 63 / 탁탁탁 64 / 탁탁 · 꺄 · 탁탁 65 / 부당 · 부다당 · 부다다다당 73 / 부다다다 · 홱 · 끽 78 / 치이이 … 탁 · 부르르르 82 / 뚜벅 83 / 끼아아 악 · 우아아 88 / 콰악 116 / 타악 118 / 파아 · 빡 127 / 콰당탕 128 / 척척 130 / 빠각 133 / 퍽퍽 135 / 부들 부들 137 / 슥 · 척 138 / 빠악 142 / 콰당탕 143 / 덜덜덜 148 / 헉헉! · 퍽퍽 · 으 … 으 152–153 / 우우우~ · 퍽퍽퍽퍽 155 / 홱 · 피식 · 퍽퍽 156 / 꽈악 158 / 우우읍 · 퍽 · 아아! 161 / 스윽 166 / 흑흑흑 174

빨판(서울 : 청솔, 2001) 1 김성모

저벅 저벅 23 / 스윽 27 / 뚜벅 뚜벅 32 / 끄응 · 까드드드 44 / 툭 투누둑 · 쏴아아아 72 / 촤아악 · 읍! 73 / 까득 · 끼익 74 / 스르르르 · 끽 · 기잉 75 / 쏴아아 … 81 / 부아아아 ㅇ 82 / 부우웅 90 / 씨익–114 / 턱– 121 / 키에에엥~ · 퍽 퍽 122–123 / 아! 아! · 퍽 퍽 퍽 · 끄응 124 / 덥썩 · 투 투 투 투 125–126 / 아아아아–! 127 / 헉 … 헉 … 헉 … 127–128 / 띠리리링 … 틱 · 후 … 133 / 퍽 퍽 · 부와앙 · 끼익 147 / 덜컹 덜컹 150 / 촥 · 욱 151 / 촤악 154, 165 / 빽 빽 · 치칙 166 / 퍼 ㄱ 169–170 / 쿠당탕 170 / 처 억 172 / 푸욱 · 흡 174 / 으 … 으으 … 쿵 175 / 쑤욱 176 / 털썩 177

매독진(梅毒疹) (안양 : 자유구역, 2005) 1 김성모

커허억 · 우웨엑 15 / 끄으응 · 퍽 퍽 · 아아앙 … 19 / 꺄아아아! · 퍽 퍽 · 우후우우~ 21 / 흐흐흐흐! · 퍼 퍽 퍽 24–25 / 푸 … 풍 … !

27 / 슥 51 / 타 타 탁 · 척 척 52 / 붕 · 바아아 ㅇ 60–61 / 꾸벅 69 / 딸칵 90 / 팅 팅 팅 · 또르르르르 105–106 / 탁! 107 / 하하하! · 크하하하! 108 / 끼이익 · 끼익 · 덜컥 119 / 척 · 헉 123 / 퍽 · 쿠후욱 126 / 콰 앙 130 / 둥 131 / 후후후 … 134 / 창 창 창 창 138 / 우우우 …! 139 / 팡 · 창 창ㅊㅗㅏㅇ 140 / 스슥 142 / 샥 143 / 하아아! · 푸 욱 144 / 크아악! · 푹 푹 푹 145 / 으아아 …! 146 / 바아앙 154 / 헉헉 156

용주골 소매치기 탑걸(안양 : 자유구역, 2005)　　20　　김성모

척 · 스륵 15 / 착 · 철컥 16 / 스윽 · 투타타타타 20 / 파파파파팍 21 / 쿠당탕 · 털썩 22 / 저벅 저벅 · 철컥 23 / 취리릭 25 / 빙글 · 팍 파팍 26 / 후다닥 · 척 27 / 스슥 28 / 휘익 · 투투투투투투 29 / 털썩 · 주르륵 36 / 커헉 37 / 타타 탁 43 / 벌컥 45 / 두둥 46 / 철컥 47 / 슥 · 부우욱 49 / 부르르 52 / 부들부들 · 척 56 / 스슥 57 / 툇 · 벌떡 62 / 헉 헉 헉 63 / 척 · 크윽 · 타타탓 64 / 파앗! 65 / 콰아 · 휘익 66 / 부르르 · 턱 67 / 카칵 68 / 투타타타 · 커헉 70 / 철컥 철컥 철컥 71 / 크윽! 72 / 빠드득 75 / 푸욱 77 / 탁 탁 탁 78–79 / 콰지직 · 후두둑 81 / 화르르 · 화르르 82 / 읏 …! · 슥 · 스윽 83 / 획 획 획 85 / 휘 익 · 콰 직 89 / 콰 직 쾅 90 / ㄲ ㅇ · ㄲ 응 · 끙 낑 96–97 / 활 활 99 / 털썩 · 콜록 · 콜록 101 / 후우 후우 · 슥 103 / 질 질 질 · 화르륵 · 휙 108–109 / 덜 덜 덜 · 우당탕 · 콰쾅 124–125 / 콰르르릉 126 / 빠각 132 / 위이이이잉 · 둥 134 / 기이이잉 · 쿡 135 / 투두두두 136 / 으하하하! 137 / 빡 138 / 흥! 139 / 투두두두두 140 / 쿡 · 콰앙 141 / 슈우욱 슈욱 142 / 크아아악! 143 / 퍼 억 144 / 끼릭 145 / 타 악 · 쪼르륵 148 / 쭈 욱 150 / ㄲ응 ·

턱 · 뿌득 152 / 드르륵 · 쾅 156 / 씨 익 · 키키키! 159 / 털썩 · 머-엉 161 / 끄덕 163 / 촤르르륵 174

화류계거상(花柳界巨商) (안양 : 자유구역, 2005) 1 김성모

끽 · 덜컥 · 척 21 / 쿵짝쿵짝 23 / 씩 38 / 콰아앙 51 / 부웅 · 끽 52 / 씨익 55 / 흐흐~ 57 / 피식 61 / 흐흐흐~ 63 / 바앙 65 / 흐흐흐! 66 / 까아악! · 쫙 쫙 · 악! · 꺅! 67 / 오우~ · 오오오~ 71 / 우후 후후~ · 켈켈 72 / 쪼르르 74 / 털썩 · 씨익 83 / 흐흐 … 84 / 하하하! 89 / 흐흐흐~ · 하하하! 91 / 휙 94 / 철 컹 99 / 척- · 덜컹 · 후후후~ 100 / 부웅 102 / 우하하하~ 106 / 오오~ 107 / 슉슉 115 / 흐흐흐 ~ 117 / 끼 익 118 / 흠 … 119 / 꺅! · 끼야악! · 킬킬킬! 136 / 악! · 퍽 144 / 이악! · 퍽 퍽 · 과당탕 · 지 … 145 / 칙 · 헉! · 크 … 146 / 킬킬킬! · 아앙! · 퍽 퍽 151 / 아아앙~ · 퍽 퍽 · 꺄악 152 / 척 · 응? 153 / 으으 … 으 154 / 쾅 · ! 157 / 흐흐흐~ · 오~ · 오~ 158 / 붕 160 / 덜컥 · 척 161 / 끼익 162 / 우르르 164 / 우우우! · 꺼이~ 꺼이~ 흐흑 … 쾅 165 / 킬킬! 167 / 척 · 삐리링 · 삐리링 168-169 / 턱 175

황제의 섹스투어 (안양 : 자유구역, 2005) 1 김성모

쏴아아아 · 삐뽀 12 / 애애앵 · 삐뽀 · 쏴아아 13 / 쏴아 아 · 흐 … 윽 · 흑 … 흑 … 14 / 덜덜덜 · 흐흑 … 15 / 벌컥 벌컥 · 텅 16 / 쏴아아아 17 / 쏴아아 18 / 콱 · 꺄악!! 22 / 아아악 · 쏴아아아 23 / 콱 · 꺅! 25 / 찌이익 · 슥삭 슥삭 · 흐흐흑 … 26 / 퍽 · 아아악 · 퍼억 퍽 27 / 꺄아악!! · 꺅 · 퍽 퍼억 퍽 28 / 아아아악 · 퍽 퍽 퍽 29 / 퍽 · 꺄아아악 · 퍽 · 퍼억 30 / 삐뽀 삐뽀 · 쏴아아아 31 / 스슥 ·

끼이이 · 툭 · !! 32 / 아아악 · 퍽 퍽 · 슥 33 / 아아악 34 / 탕 35 / 꺅!! 36 / 카 … 칵 … 38 / 철컹 · 흐흐흐 39 / 아 … 푹 · 푸욱 푹 푹 41 / 흐흐흑 · 아아아 42 / 아 렁 끄덕 43 / 팡 · 우우우우 · 팡 44 / 콱 콱 · 아악 · 콰악 45 / 아 · 꿀럭 꿀럭 · 팟 46 / 쿵 · 벌떡 · 핵 47 / 탕 탕 탕 · 크아아악 48 / 타앙탕 탕 탕 · ! 49 / 쏴아아아 · 삐뽀 삐뽀 51 / 툇 53 / 찌익 · 쏴아아 · 삐뽀 삐뽀 54 / 부들 부들 · 덜덜 56–57 / 아악 · 삐뽀 · 꺄아아악 · 꺙 · 케에 에엑 · 삐뽀 삐뽀 59 / 컥 … 컥 … 컥 … 삐– 삐– 삐– 60 / 철컹 65 / 턱 68 / 빠바! · 탁 타 · 헉 69 / 타다닥 · 꾹 70 / 버버버! · 버! 71 / 와장창 72 / 꽈악 · 헉! · 앗! 73 / 버버버! · 버버버! 74–75 / 훌렁 · 척 · 꺄아아 77 / 치이익 · 아아악! 79 / 까아악 · 썩 81 / 헉 헉 헉 83 / 둥 둥 둥 둥 둥 84–85 / 철컹 88 / 휘릭 91 / 철컹 철컹 94 / 악!! · 퍽 95 / 바둥 바둥 · 콱 96 / 쾅 · !! 97 / 빡 · 쩍 · 쾅 · 꺄아악 102 / 촥 103 / 퍽 · 아 · 퍼 억 106 / 칙 · 후우 107 / 퍽 · 꺅 · 꽈다탕 111 / 꺅! 112 / 쿵 · 콱 · 켁! 113 / 파라락 116 / 뜨끔!! 118 / 쾅 122 / 쪼르르 124 / 푸욱 · 아 아 아 126 / 응! · 칙 127 / 아 아 · 팡 팡 129 / 퍽 퍽 · 주물럭 주물럭 · 흐흐흑– 130 / 바아앙 · 씨익 135 / 스읍 136 / 흐흐흐흐~ · 아 … 137 / 바아앙 138 / 쏴아아아 · 쏴아아아 140–141 / 덜컥 · 꺄아~ ! 142 / 흐흐 143 / 오! 144 / 울렁 145 / 활 짝 · 오오오~ · 스읍 147 / 아아 … 할딱 할딱 · 츠읍 · 아아아–! · 킬킬킬 148 / 켈켈켈 · 불끈 149 / 우헤에에! · 퍼억 · 아 아아 150–151 / 끼익 · 덜컥 152 / 덜컥 · 척 · 부 웅 159 / 꺄아아 160 / 불끈! 163 / 둥!! 164 / 씨익 · 드륵 166 / 콰아 악 169 / 칙 · 후 170–171 / 둥 드륵 172 / 후우 173 / 스읍 174 / 찡긋 175 / 파 악 177

용주골 비하인드 스토리(안양 : 자유구역, 2004) 1 김성모

척 · ㅅ으 16 / 툭 · 벌컥 벌컥 18-19 / 챙그랑 21 / 끼익 · 덜컥 · 척 23 / 벌컥 · 촤ㅇ 26 / 푸욱 · 커허억 28-29 / 화 악 · 쿠욱! · 털썩 · 헉! 30 / 헉헉헉헉 31 / 앙? · 쫘악 32 / 퍽 퍽 퍽 · 흐흐흐~ 33 / 콰당 · 에이~ · 퉷 35 / 부르르 · 우둑 · 쾅 · 꺅 38-39 / 퍽 퍽 퍽 · 크아아아! 41 / 철컹 · 텅 · 사각 43 / 사각 · 덜컹 · 척 · 바아앙 44-45 / 헉 헉 · 크으 … 으 · 헉 · 끄으 … 끄 … ? 50-51 / 헉 헉 헉 · 챙 52-53 / 덜덜덜 55 / 턱 · 헉헉헉 56-57 / 삐삐 · 삐이이이 60 / 저벅 저벅 62 / 퍼 억 73 / 아아악! · 퍽 퍽 퍽 · 퍽 퍽 · 꺄아아아아! 74-75 / 뚜벅 뚜벅 · 척 · 똑 똑 76-77 / 씨익 79 / 콱 81 / 딸깍 84 / 쿵쿵 97 / 쿵쿵쿵 101 / 흐흐흑 … 104 / 철컹 · 딸칵 114 / 꽉 121 / 오오오~ 138 / 딱 139 / 붕 부웅 142 / 바아아앙 144 / 과아앙 145 / 오우~ · 카카카 렁 캉 · 하하하~ 146 / 콰악 · 우우웅 · 하하하~ · 콰아아아앙 147 / 둥 152-153 / 툭 · ! 155 / 씨익 156 / 터벅터벅 172

아라비아 숫자는 수록 쪽수

그래서 이들의 절규가 독자들의 감각을 사로잡았는지는 별개의 문제다. 직업 정치인들이 내거는 공약의 실천 여부와 이는 마찬가지다. 하지만 행복하게 해줄 테니 권력을 달라는 거짓말을 4 · 5년에 한 번씩 밥 먹듯 해대며 능한 면모로 지금 이 시간 또한 합법적 사기와 온갖 궁리에 여념 없는 직업정치인들이 전업 성인만화작가의 영역을 넘보기란

어림없는 일이다.

정치권력 좇는 이들이 언제 유권자에게 즉발적 행복과 그 가시적 확인을 약속한 적 있었던가. 거꾸로 말해보자. 표로 말하고 선택의 정치력으로 권력 말초를 조종하는 저 숱한 이들이 언제 자신의 행복을 디자인하고 내일의 꿈을 빚어 달라 구체적으로 간청했던 적이 있었는가. 그러잖아도 꿈을 약조하고 희망을 설계하는 이들은 세상 속에 따로 있지 않았을까. 그들이 생색내지 않는 삶을 치열히 살아내기에 권력의 허구와 모순도 다시 빛 발하는 역설을 어디 꼭 말로 설명해야만 알 일이겠는가.

언제 어느 날이든 이 땅의 만화가들이 자신의 존재를 확인하기 위해 집단으로 소리치고 낱낱이 몸부림치며 권력과 맞짱 뜨려 첨탑 정수리를 향해 덤벼든 적 있었는지 우리는 기억하지 못한다. 누구나 머리에 띠 두르고 권익 옹호와 삶의 질 운운하며 세상 보고 질러대는 일상의 포효쯤 쉽게 생각할 수 있는 일이다. 하지만 날 새워 선을 만들고 눈 아프도록 색 발라서 보는 이야 있든 없든 작품 하나 완성하는 만화가의 열정을 진솔히 인정해 주는 이들은 몇이나 될까.

만화의 정치라는 것이, 아니 성인만화의 문화 비중이란 게 '보이지 않는다'고 잘라 말하지 말라. 보이지 않는다 하여 존재하지 않는 양 착각해선 안 된다. 하기야 삶의 만만찮은 경로를 진솔히 드러내는 과업이야 어찌 만화 하나로 국한할 일이겠는가. 그렇지만 부분으로 전체를 들여다 볼 때 이들만큼 열렬하고 이만큼 정치적인 '것'을 어디서 또 인용할 수 있을까.

드라이하지만 이쯤에서 다시 정리해 보자.

1. 모든 만화는 정치적이다. 이때 '정치적'이란 말은 골치 아플 아무런 까닭이 없는 단어로 재생산된다. 그러니까 삶의 여정에서 나타났다 사라지는 온갖 환영幻影이나 신비의 그림자를 전제하는 게 아니다. 이들을 두둔하려 나서는 접두어도 형용사도 아니다. 당장 즐겁고 우선 좋으며 금세 기쁘게 만들뿐 아니라 목적 달성 도구이자 가시적 실현 가능성을 연상시키는 의미의 체현體現이다. 그리고 그 핑계다.
2. '구체 행복'의 실천, 즉 구현의 정치가 만화에서 이루어진다고 보는 일은 이제 전혀 이상하지 않다. 아니 그럴 필요가 없다. 만화는 진작부터 그래 왔고 지금도 그러하며 앞으로도 그럴 것이라는 데 구태여 별도 계몽과 교화는 군더더기일 뿐이다.
3. 만화 일반의 정치성보다 성인만화의 정치적 역할이 노골적으로 증폭되는 대목은 여전히 섹스와 폭력이었다. 성인들의 '외로움'과 '부끄러움'이 별도의 안식

처와 해소 출구를 필요로 할 때 만화마저 고고한 예술의 커튼으로 자신을 감싸려는 자세는 쉽게 방기되고 있었다.[11] 이 점이 바로 한국 성인만화의 강점이자 치명적 약점으로 동시 부각된다.

4. 만화 보는 성인이 더 이상 성인인지 아닌지는 의미를 잃어버린지 오래다. 그들이 젊은 세대 넘보며 자칫 위악과 해악의 기반인 양 비판받을 소지를 허여하는 것은 그러나 욕망 관리 차원의 문제일 뿐, 행복 추구권을 통제하려는 정치적 음모나 전술적 채택의 결과물은 아니었다.

만화가 행복을 실현할 직접적 정치수단이자 가시적 도구가 된다는 사실 앞에서 멈칫거릴 까닭은 없다. 알량한 체면이나 타인의 시선이라면 모를까 당당히 즐기고 의연히 누린다는 게 쑥스럽다면 이제 거북한 문화의 거품을 걷고 겸연쩍음의 외피와 거추장스런 솔기는 슬기롭게 떼낼 일이다. 그에 열중한다면 성인만화를 둘러싼 온갖 오해도 그만큼 줄어들 것이다.

아직도 성인만화를 포르노그라피와 이음동어로 받아들이거나 변종의 지하문화 쯤으로 오인해 버리고 마는 것은 무책임치곤 큰일이다. '보고 싶다'는 욕망의 구현 이전에 '보게 될' 자신의 모습이 타인에게 포착될까 두려워 시선의 권력에 진작 포로가 되고 마는 경우도 성인만화의 정치적 패러독스로선 작지 않은 셈이다. 하지만 끝내 솔직하지 못하여 배설과 발산의 정치현장에서도 행복의 의미를 학대虐待하는 경우는 비일비재하리라. 그건 누구도 구원 못할 기형의 무능이자 괴로움의 원인이라고밖에 말할 수 없을 것이다. 마르크스도 예수도 없는 무無혁명의 대지 위에서 자신도 자신을 구출하지 못하는 덤불의 땅만이 그녀를 옥죄고 있을 뿐이라는 사실을 엄연히 확인한 채 말이다. 그것도 자기 혼자 절절이.

19 주

1_ 일본이 한국의 만화 발전을 위해 힘이 되는지 아닌지는 계속 논의해야 할 주제다. 특히 성인만화의 분화와 만개를 염두에 둘 경우 논쟁지평은 더욱 넓어질 것이다. 여러 논의들 가운데 다음 지적은 유의미하다. " … 한편에서는 일본의 대중문화가 단순히 폭력적이고 선정적이라고 몰아 부치는 것은 옳지 못하다고 하면서 한국 청소년들의 폭력의 문제는 자본주의 산업화와 도시화에 야기한 결과라고 주장하고 있다. " '폭력적이고 음란한 일본 만화를 본 청소년들이 모방 범죄에 나서고 있다' 는 게 제도 언론의 일치된 목소리이다. 이런 논리라면, 그런 만화가 유통되고 있는 일본은 이미 난장판이 되었어야 했다. 한마디로, 일본 만화는 속죄양이 된 셈이다. 내 눈에는, 일본 만화가 한국 언론에 의해 교묘히 '이지메' 당하고 있다. 일본 만화를 송곳으로 찌르고, 담뱃불로 지지고, 음모를 라이터 불로 태우고, 경찰과 검찰을 시켜서 집단으로 무차별 난타하게 하는 것은 바로 제도 언론이다. 심지어 제도 언론은 일본 만화를 잔인하고 무자비하게 살해하기까지 한다. 청소년 폭력의 문제는 사회문제이고, 학교문제이고, 가정문제이다. 또 청소년 문제는 자본주의 산업화와 도시화에 따른 귀결이기도 하다"(《중앙일보》 96/10/05). 현재 한국과 일본에서 일어나고 있는 청소년의 문제는 사실 크나큰 사회적 문제이다. 그리고 그러한 문제의 유형이 비슷하다는 점이다. 그렇다고 하여 위에서 인용한 것처럼 한국 내의 청소년 문제가 전부 일본 문화의 탓으로 돌리기에는 세상은 너무나 국제화되고 정보화되어 국민의 눈을 가릴 수가 없게 되었다. … " : 장용걸, "일본 대중문화의 수용에 있어서 부정적 인식에 관한 고찰 : 만화와 애니메이션을 중심으로," 경남대학교 교육문

제연구소(편),「교육이론과 실천」제12집 1호(2002), p. 217.

2_ 반드시 이 땅만이 아니라 세계 곳곳에서 벌어지고 있는 국가의 성 정치적 압박을 예로 들자면 정확한 끝수 맞추기란 쉽지 않으리라.

3_ 이 '한 사람'이 결코 필자 자신만은 아니길 바라고 싶은 건 결코 '간절한 우연'이 아니다.

4_ 소설과 영화의 차이 혹은 회화와 만화의 '변별'도 따지고 보면 늘 새삼스럽지 않을까.

5_ 이건 꼭 능력만의 차원이 아니라 상황과 조건을 핑계 대도 면피할 수 있을 만한 아쉬움 혹은 애틋함과 직결되는 문제일 것이리라.

6_ 박주필, "스포츠신문의 포르노 만화군단,"「월간 말」통권50호(1990. 8), pp. 90-91.

7_ 염려는 계속된다. " … 비교적 선정성을 절제하고 나름대로 탄탄한 구성과 데생력을 갖춘 허영만이나 이현세의 만화도 그 상황이 비정상적인 경우가 대부분이다(이현세의 경우가 더 그렇다). 사실 이현세의 만화는 한국 만화가 한 단계 발전하는 데 결정적인 기여를 했다는 평가가 있는데, 기존의 만화가 결손가정의 주인공이 이를 극복하고 행복해지는 신파조의 결말이었다면 이현세의 만화에서는 행복한 결말이 지양되고 주인공을 파국의 상황으로 몰아간다는 점에서 그 같은 평가가 내려진다. 그러나 그러한 스토리의 전개는 문학성의 제고에서 오는 구성의 발전이라기보다(물론 그런 측면을 전혀 무시할 수는 없다) 지나치게 편집광적인 주인공의 성격규정에 기초한 것이기 때문에 비상식적일 수밖에 없다"(p. 91).

8_ François Truffaut가 만든「마지막 지하철(*Le Dernier Metro/ The Last Metro*)」(1980)에서 힌트를 얻어 Giuseppe Colombo가 제작한 같은 제목의 전혀 다른 단편[*Ultimo Metro*(1999); dir by Andrea Prandstraller]이다. Tinto Brass는 잠시 '훙 깨는 인물(*nel ruolo del guastafeste*)'로 등장한다.

9_ 그러나 이 땅의 폭력이 좌익의 전유물인 양 오해는 마시길. 여기서 폭력을 애호하는 이들의 이념 지평까지 건드릴 마음은 전혀 없으니까. 하지만 비유가 실체의 정곡을 잘못 건드리는 일은 피해야 하

지 않을까.

10_ 시대를 대표하거나 작가정신을 압축하는 작품 명단의 공인이 불가능하다면 성인만화의 무작위 선정은 피하지 못할 일이다. 완성도와 스토리 전개의 밀도, 그리고 선묘의 성실성을 기준으로 모래알처럼 명멸한 숱한 작품들 가운데 압도적인 경우를 따로 가려본 것이다. 골고루 퍼져 있는 의성어의 과장과 스토리 약진은 물론 세기의 전환기에 걸쳐 등장한 점이나 흥미유발 장치를 매력적으로 묻어놓았다는 점에서 이들 작품은 주목할 만하다. 이들만으로도 오늘의 성인만화가 헤쳐가고 있는 언어의 정글은 극명히 드러난다. 어느덧 관행으로 굳어진 의성효과의 과장은 가장 빨리 그리고 가장 단순하게 작가의 의도를 간파하거나 그에 다가설 수 있는 수단으로 의미를 더한다.

11_ Judith Butler, *Bodies That Matter : On the Discursive Limits of "Sex"* (London : Routledge, 1993), p. 111.

소진과 재기

| 행복의 재생산

작가의 의노가 애초에 독사의 행복 증진이란 징지적 목표로 맞춰져 있는지 여부도 이제 일일이 묻거나 확인할 일은 아니다. 독자의 '해석'과 작가 '의지'의 편차를 대관절 어디서 묻고 확인하며 또 굳혀나가겠는가. 그러나 이 대목에 이르러 빠져들지 않을 수 없는 또 하나의 함정은 성인만화 보편의 절정과 그 이후 밀려오는 공허를 어찌 메울 것인가하는 쉽지 않은 물음이다.

끝나버린 작품보다 더한 감동으로 후편의 감흥을 이끌어내야 할 작가의 심사란 사실 걱정의 강박으로 넘쳐날 것이리라. 피 마르고 살 내리는 무언의 주문이 실상 성인만화를 일상의 만화보다 더한 미학과 대중예술 콘텐츠로 보강시키도록 압박한 배경이 되었음도 무시 못 할 일이었다. 하물며 고정 독자와 성인 가독 인구를 염두에 두고 전편前篇의 위용을 이어나가야 한다는 상황이 전제될 때 얘긴 달라질 수밖에 없다.

어른이 어른을 즐겁게 해주기란 쉽지 않다. 일상의 노래나 그림 혹은 문학과 문화일반을 벗어나 성인만화를 집중 천착하려 들 때 취향은 더욱 변덕스러워지고 눈높이 역시 다양해진다. 그것은 흔히 아류의 배격이란 모습으로 부각되기도 한다. 한 가지 특정 주제나 매력적인 최근 소재가 힘을 잃고 새로운 대안에 목말라 할 때 별다른 노력 없이 기왕의 프레임에 업히려는 움직임이 흔한 건 사실 성인만화 창작의 아킬레스건이다.

개발과 극복보다 스토리 구조의 임의 변형으로 명맥을 이으려는 시도가 궁극에는 처참하리만치 깨지고 마는 일도 못 말릴 현상이다. 대중적 관심의 도모 대신 탄력적으로 부응하거나 감각적으로 추수하려 드는 자세는 리스크 자체를 줄일 수 있다는 강점에도 불구하고 만화의 즉발적 정치성 견인과는 거리가 멀었다.

모두가 느끼는 삶의 압박 속에서도 성인만화의 작품 권수가 지속적으로 감당해야 할 감각적 봇물이란 이렇듯 계속 '행복해야만 한다'는 사실로부터 새삼스러워진다. 있는 기운 다 써버리고—이상李箱의 문자대로, '육신이 흐느적흐느적 하도록 피로했을 때만 정신이 은화처럼 맑'고 '니코틴이 내 횟배 앓는 뱃속으로 스미면 머리 속에 으레히 백지가 준비되는 법' 일지언정—다음 날이면 다시 또 열렬한 갈채와 환장할 환호에 몸 둘 바모를 선묘와 대사로 중우衆愚의 감각을 제패할 수만 있다면야 무슨 걱정일까.

다시 일어서기란 계속 걷고 뛰어가기보다 더 어려운 일이었다. 게다가 일어서며 꿈꾸고 다시 희망과 행복마저 주유注油하기란 죽을 만큼 힘겨운 법. 그것도 만화란 특정 장르에서 성인만화라는 별도의 서랍을 열어젖혀 칸과 틀을 감동적으로 채워나간다는 건 얼마나 버거운 일인가.

다소 난삽하지만 이론적인 얘기에 귀 기울여 보자. 백준기는 이렇게 압축한다.

> 결국 만화의 세계란 칸과 틀을 채워 넣는 몇 가닥의 간단한 드로잉에서부터 정밀한 세부묘사에 이르기까지 다양한 재료와 기법, 매체를 통해 우리의 일상생활 주변에서부터 잠현실, 초현실에 이르기까지 '관습적인 시간'과 '합목적적인 공간'을 낯선 관할구역으로 정박시켜 주는—조타수와 항해사들이 소임을 다하는—선박과도 같은 것이다. 따라서 전자의 '관습적인 시간'은 지리, 기후, 풍토적인 시간으로 만화의 시간에 특수성을 부여하는 조타수의 패널과 같은 것이며, 후자의 '합목적적인 공간'은 시대적 구분과 연대기적인 지시를

> 기능케 하는 것으로 만화에서의 보편성을 획득케 해주는 항해사의 프레임과도 같은 것이다. 지금까지 서술의 관점을 요약해주는 윌 에이스너의 견해를 빌리자면 다음과 같다. 만화에서의 칸과 틀이라 부르는 이 도상은 그 의미와 기능이 고정화된 것이 아니다. 그렇다고 그림도상이나 조각처럼 그 의미가 유연한 것도 아니다. 만화의 칸막(panel act)은 단순히 판자를 붙이고 내용물을 채워넣는 기능적인 콘테이너 역할만을 갖는 것이 아니라 인간의 감정과 행동을 포함한 사건의 지속을 지시하고 결정하며, 위치와 처지까지도 확정시킨다. 따라서 만화의 칸막은 시간과 공간을 결정하는 일종의 표지로서 저마다의 칸을 부수고 틀을 해체하여 폭발하기 일보직전의 역동적인 생명감을 보여주고 있다. 이는 곧 칸과 틀에 의한 〈시 · 공간의 흐름〉에 의해 가능한 것이며, 그 흐름의 형태는 절대적이며 규범적인 것이 아니다. 그것은 여러 사건들을 기억할 수 있는 과거와 우리가 바라보는 미래 사이에 독자적인 구조를 갖고 있기에 그러한 에너지를 함열(implosion)하는 것이다. 또한 그 흐름의 시 · 공간적 편향성 역시 만화를 제작하는 발화자(encoder)와 수신하는 독자(decoder)들 모두가 저마다의 임의성(randomness)을 그 특징으로 하고 있기 때문이다.[1]

문자를 자원의 뼈대로 삼는 문학 일반에서 행간의 의미는 물론 중요하다. 이는 글이 단순히 글로만 존재하는 게 아니라 문자의 결합이 야기하는 이미지와 그 끝없는 분화가 빚어내는 오해의 숲을 어느 순간 헤매야만 한다는 긴장을 늘 전제한다. 그래서 작가의 의지와 관계없이 독자가 치러야 할 대가도 결코 만만치 않음을 '작품'은 항시 담보한다.

이는 곧 행간의 의미가 교훈적일 필요만은 없거나 또 그럴 수도 없다는, 그야말로 막막한 감정마저 아울러 동반한다. 그것은 관계의 복잡성을 어떻게든 해소해야 한다는 부담과 동시에 이를 그대로 놔둘 수밖에 없는 정치적 불가피성을 동시 포섭하는 때로 곤란한 문제로 발전하기도 한다. 본시 상상의 끝이란 애초부터 예약되어 있던 게 아니었으니까.

문학이 이러할진대 하물며 '칸 간間 · 틀 간間' 도약을 총알처럼 분사해야 하는 만화에서랴. 하지만 보이는 것만이 전부가 아닌 미디어의 콘텐츠 분사噴射는 다시 문자와 상상의 형식을 빌리게 마련이다. 그리하여 도상과 드로잉 이면에서 펄떡거리는 작가의 속내에 업혀 독자의 감각 속에 이미지를 조형하고 또 다른 이야기 얼개에 날개를 달아준다. 칸과 틀 사이에서 이야기의 무한 생략이 가능하고 동시에 선묘의 응용과 도약이 허용되는 만화로선 무엇보다 독자들의 '감각 절정' 이후가 염려될 수밖에 없다. 글로 충족시켜야 할 문학보다 더 많은 역할이 집중 담보되기에 그건 더더욱 신경 쓰이는 일일 수밖에 없다.

대사와 그림의 균형뿐만 아니라 다시 전편前篇을 압도

한 흐름을 이어가야 한다는 주문 앞에서 작가가 감동의 차별과 그 무의식적 도출에 자연스레 사로잡히게 되는 건 어쩔 수 없는 이치다. 그것은 굳이 성인만화라는 장르에만 적용될 일이 아니었다. 만화의 일상적 인기와 점증하는 대중문화의 요구를 감안할 때 호응도 높은 작품들일수록 이같은 주문은 간단치 않다.

백준기의 말에 좀더 귀 기울여 보자.

> 상징기호에는 진정한 형식과 그밖의 두 가지 회화형식이 있다. 퍼어스에 의하면 "진정한 상징기호란 일반적 의미를 지니는 상징기호를 말한다." 이에 비해 회화적 형식이란 그 하나는 단칭적 상징이라고 하여 그것은 실재하는 개체를 그 대상으로 하는, 말하자면 지표적 상징기호를 말하는 것이며 또 하나는 추상적 상징기호라고 하여 그것은 단칭적 상징기호(또는 지표적 상징기호)의 대상인 개체가 가지고 있는 성격 또는 성질을 표의하는 것으로, 말하자면 도상적 상징기호라 할 것이다. 곰브리치는 이와 같은 상징의 역할을 규정하여 "한 메시지를 해독한다는 것, 그것은 한 상징의 형태를 포착하는 일"이라 했다. 만화 즉, 카툰의 세계로 들어가면 우리는 구경꾼(독자)이 아니라 스스로 주체가 되어 자기자신과 의식을 몰입시킬 수 있는 것도 바로 곧 도상적 상징기호의 작용 때문이다. 얼굴을 그릴 때 거의 모든 만화가들이 많든 적든 도상

> 적 상징성을 담지한 카툰 기법을 사용한다. 복잡함을 단순성으로, 감각적인 실물의 세계를 도상성으로 객체에서 주체로, 특수성을 보편성으로 지향하는 만화야말로 상징적 추상화의 세계라 할 만하다. 우리가 상대방과 대화를 나누거나 어떤 형태로든 커뮤니케이션을 나눌 때 서로 상대방을 생생히 보고 느끼게 마련이다. 그러나 우리들은 각자 자신의 얼굴을 영원히 볼 수 없듯이 마음속에 떠오르는 대강의 모양과 배열 즉, 일반화된 코 · 눈 · 귀 · 입을 느낄 뿐이다. 단순하고 기본적이며 요소적인 개념 상징의 구체적인 어떤 것! 이것이 바로 카투닝의 기법이자 세상을 보는 한 방법이다. 복잡한 성격 묘사를 생략하고 단순성을 통하여 자기 동일시의 몰입으로 빠지게 만드는 아동물에서부터 성신분열증이나 관음주의, 익마주의의 미학적 호출이라는 이른바, 언더그라운드의 반문화적 성향을 지닌 성인물의 코믹스에서 드러나는 애매성에 이르기까지 만화의 표현영역은 실로 그 전성기에 접어들고 있음을 알 수 있다.[2]

이같은 논리는 오늘날 입만 열면 누구나 메뉴의 기본으로 섞는 위기론[3]이나 만화의 사회적 정체성 운운과는 거리가 먼 일일 것이다. 어떤 경우라도 지켜내야 할 만화 내부의 원리와 상황 논리를 섞을 순 없는 일이다. 다만 만화 내부의 문화적 숙성과 사회적 성장이 후자의 한계를 뛰어넘을 내재적 발전 근거로 작동할 수만 있다면야 애긴 달라질 수 있으리라.

성인만화의 대중적 분화와 유통의 굴곡 속에서 특히 '성애' 라는 보편 소재에 집착하는 방식 역시 더욱 입체화 · 세련화되어야 할 이유도 바로 이 때문이다. 이제 다시 성인만화 속에서 '섹슈얼 러브' 의 터치 이유나 정치 전략적 삽입 근거를 새삼 거론할 필요는 없을 것이다. 다만 성애의 만화적 반복과 부침이 단순 '삽입' 에서 비롯되는 상업적 고려만이 아니라 그 자체로 분명한 이유가 있음을 작품과 함께 말해야 한다는 데 반대할 이는 없으리라.

문제는 성애의 탐닉과 해소, 아니 정치적 목적 달성 이후 재삼再三 쓰라리고 적적해지는 '허망의 빈터' 를 어떻게 다시 만화적으로 다스릴지에 맞춰진다. 태워 없애야 했던 욕망이라면 다시 불타오르지 말아야 할 일이었다. 그게 그렇게도 간단히 처분될 일상의 욕구였다면 정말이지 뭔 사단이 그리도 많았겠는가. 같은 표현도 유난스레 돋보이고 그냥 그대로 지나치지 못할 문자와 형상 이미지를 계발해야 함은 진정 모든 작가들에게 주어진 형극(?)의 주문이려나.

끝나버린 성애의 표현과 그 직후 밀려오는 황량함도 주관의 문제라며 치부해 버리자면 무슨 문제가 있었겠는가. 독자의 입맛과 까다로운 취향을 정말이지 객관화할 까닭이 별달리 분명치 않다면 말이다. 하지만 성인들의 감각적 향유

대상으로 떠오르는 기본 개념들 가운데 성애와 이를 방불케 하는 온갖 이미지들을 시도 때도 없이 의식해야 하는 성 정치적 과업이란 대관절 뭘까. 그것도 문자만의 향기가 아니라 그림까지 곁들여 읽고 보는 자의 감각을 사로잡아야 하는 이유라니.

만화를 언급하는 자리에서 그런데 소설이 떠오르는 까닭은 뭘까. 문자만으론 만화가 치러내기 힘든 한계가 엄연한데도 말이다. 쉽사리 그림을 연상하지 못하는 글의 향연도 모두가 다 그런 건 아닐 터이다. 이 대목에서 그러니까 글만으로도 형상이 떠오르고 형상만이 아니라 은유와 비유를 넘어 더욱 진한 이미지와 그 메시지의 섹슈얼 콘텐츠마저 전달 채비를 마치게 되는 선 작가의 재주일까. 그리고 소설도 잘만하면(?) 만화적 원동력을 제공하고 그 기갈난 공허를 메울 수 있는 훌륭한 자원으로 발전 가능한 걸까. 문학과 만화의 인터 디시플리나리 개발?

왜 이 자리에서 소설가 이인성이 떠오르는 걸까. 그는 「편지쓰기」에서 소파를 애무와 성교 대상으로 묘사한다. 이렇게.

> 소파가 팔을 잡아 끌어당긴다. 쉬잇, 하고 주위에 주의를 주며, 소파는, 바닥에 무릎 꿇고 앉은 몸의 상체를 물컹하게 껴안는다. 그리고 매끄러운 곡선으로 허리 아래를 서서히

> 자극하더니, 푹신한 엉덩이 받침과 버팀대 사이의 틈을 열어 팽팽해진 몸의 중심을 흡입해 들인다. 강렬한 흡입이 온몸을 쩌르르 떨게 하다가 그 진액을 뽑아 마신다. 됐어, 오늘은 그 정도로 해두지. 갑자기 표면을 굳히며 소파가 냉정하게 한마디를 내뱉는다. 커튼이 너풀너풀 말을 받는다. 천천히 말려 비틀어지게 해야 돼. 공기가 다시 흐물대는 촉감으로 몸을 일으켜 세운다. 우리가 무섭나? 하기사 갓 시작한 거니까. 하지만 곧 친숙해질 거야. 이 치욕 없인 못 살겠다 그럴걸. 그땐 이미 치욕도 아니겠지만. 자, 이젠 이 첫번 체험이 어떻게 쓰는지 보도록 할까? 자, 자, 너무 걱정하진 마. 아직은 수준이 수준인 만큼 그냥 연습이라고 생각하면 되는 거거든.[4]

잡아떼도 소용없다. 언제는 점잖 빼지 않는 인간들이 넘쳐나는 대지였던가. 이 정도의 묘사를 보고도 부끄럽다면 차라리 앞만 보고 걸을 일이다. 성인만화는 무슨.

이제 서서히 갈무리해 보자. 거친 들판의 내일이 유독 염려되어 그린 만화는 아니었을 것이다. 어쩌지 못할 내일이 불안하여 만든 성인만화도 아니었을 터이다. 그렇다고 오로지 칼라풀해야만 한다는 강박 때문에 한번 시작한 글과 그림의 향연을 끝마치지 못하고 있는 것도 결코 아니었으리라. 동기의 복잡성을 과잉 단순화하는 일도 문제려니와 그다지 심각하지 않은 사단을 굳이 꼬고 비트는 일도 '존재'

그 자체에 대한 예우는 아닐 것이다.

그렇다면 너 새삼스러워져 보자. 심각하지 않게, 그러나 진지하게. 아무리 먹고 살기 위해 움직인다는 자기 변명에 능한 작가들이라 할망정 진정 그건 옳은 얘길까. 정말이지 이렇게만 얘기하고 나면 속에 깃든 의지의 진정성이란 더 형용할 어구조차 발견 못 할 만큼 후련한 걸까. 위선도 위악도 아닌?

만화만이 아니라 삶의 온갖 존재양식을 호구 수단으로 지칭, 단정해 버리는 작업은 존재 그 자체에 관한 야멸찬 비하 외에 다름 아니다. 먹고 살기 위해, 오로지 그 하나만 위해 존재하고 꼼지락거릴 뿐이란 얘기는 행위 그 자체가 빚어내는 결과적 책임과 의도치 않은 파상의 일말을 피하려는 독한 변명에 다름 아니다. 그렇게 하지 않고는 죽어도 못 배길 까닭이 유별나기에 '그럴' 따름이라며 일반화하기도 무리다. 모두가 다 그럴 수 있는 건 결코 아니니까.

그 사이 어느 적정 지점에 서서 성인만화의 존재론적 적합성을 끌어낸다면 그건 가능할까. 엄살도 과장도 아닌 좀더 머물다 변덕부려도 좋을 지점이란 그런데 있긴 있는 걸까.[5] 애당초 그림 그려 세상에 빛 보이고 글로 말하려 했던 까닭, '만화 속 만화'로 분화하여 이제는 난공불락 요새로 커져버린 '성인' 장르의 엄존 이유, 도덕도 윤리도 행복이란 핑계 앞에선 잠시 물러나 주어야 하는 쑥스러움의 확산, 너

도나도 벗기어 이제는 벗을 것도 벗길 것도 없어진 나신의 반어, 차이와 다름을 핑계 삼는 미디어의 구애와 대중적 미혹, 출간과 동시에 신고 유예되고 폐기된 지도 모른 채 다시 생산대열에 탐닉해야 하는 기형의 노동 과잉, 더 강하고 더 뜨겁게 질러대야 하는 선묘의 함성과 끝간 데 없이 팽창하는 욕망의 풍선, 그것들을 터지도록 붙잡고 계속 그려내야만 하는 감성의 무한 관리.

끝없이 수식하고 또 덧대어 변명한들 어찌 실체 그 자체에 버금갈 형용사를 구사할 수 있겠는가. 특히 장르 속 장르로 굳어진 성인 '전용(?)' 매체의 기본 성격에 관하여. 그것을 무엇으로 규정하든, 아니 결정론적으로 단정할 수 있다 해도 작가와 독자 사이의 단절을 단숨에 뛰어넘기란 그렇게 쉬운 일이 아니지 않겠는가.

성인만화를 사이에 두고 서로가 확인할 수 있는 의식의 편차가 있다면 그건 뭘까. 동시에 그들이 같이 나눌 수 있는 관심과 이해의 대상이 있다면 그것은 또 무엇일까. 장삿속 이익이라든지 단타성 자본 회전을 통한 재투자 방안 모색 같은 생각은 잠시 접어두자. 그럼?

판매 현장에서 동원할 수 있는 감각적 흥분과 그에 바탕을 둔 기대심리란 우선 관심대상이 아니었을 것이다. 물론 이같은 변수들이 상품의 안정적 공급과 이를 지탱할 내성을 반영한다는 걸 부인할 수는 없었지만 이것이 둘 사이를 엮고 어우러지게 하는 요소 전체라곤 도저히 말할 수 없으니 말이다. 반문해 보자. 이 땅의 만화와 이 나라 독자를 잇는 존재론적 연결고리를 어디 유물론적으로만 들여다 볼 까닭이 있을까.

독자가 작가에게 문예적으로 기대하고 그 바탕 위에서 작품 공급원이 시장을 향해 바라는 '바'는 일치할 수 있을까. 시장의 작품들이란 이들 서로가 접점을 찾아 만든 물리적 결과물이라고 말할 세상은 머잖아 가능할까. 감각의 소통과 상업적 유통이 거침없이 이루어지는 공간으로 이 땅이 허여하는 문화적 자극이란 성인만화 속에서 정말이지 어떤 모습들로 '생성-소멸' 되어야 하는 걸까.

단순히 만들고 그저 생각 없이 소비하는 매뉴팩쳐링의 단위로만 성인만화를 보지 않고 문화 재생산의 전방위 도구라고 생각을 바꿔보면 둘 사이를 가교할 의미의 채널은 금세 분방해질 것이리라. 그렇다면 감각의 최전선에서 작가 자신이 총신을 가다듬고 어느 새 독자들을 향해 정조준하는 만화집단의 의식적 요구란 뭘 지향할까. 그것이 언어로 도출될 수 있다면 과녁의 원형범주는 어디서 어디까지 펼쳐질 수 있을까.

가판대 위든 서가의 언저리든 그것이 시장의 질박한 공간 어딘가에 존재하고 있을 것이란 상상만으론 해독의 감흥을 담보하지 못한다. 어찌 '있다'는 사실만으로 '관계의 정치'가 성공하길 바랄 수 있겠는가. 있되 어떻게 있어야 할 것이란 기대가 일상의 상상을 초월할 때 흥미와 감동도 일정한 흥분 수준을 지탱할 수 있는 게 아닐까. 기대가 현실로 나타나고 나아가 가상의 공간이 미래의 자신을 담는 그릇이 될 때 성인만화는 한 단계 높일 채비를 스스로 마치지 않겠는가.

그 기대 중심에 대중적 흡인력을 불어넣고 나아가 주변에마저 힘의 향기를 묻혀 세상의 '문화 중심' 하나를 성인만화 정수리에 꽂아주는 에너지의 원천을 필자는 '유혹의 정치력'이라 부르려 한다. 고작 유혹의 힘 하나만으로 세상을 지배한다고? 그렇다. 그것도 여느 유혹과는 다른 예측가능하고 지속 가능한 유혹 말이다. 은근한 유인의 힘이든, 아니면 강한 인입의 자력이든 누군가 자신을 지배해 주길 바랄 때 그게 알코올이냐 니코틴이냐는 문제되지 않을 것이다. 아님 더 강한 마력에라도 업혀 모든 것 다 걸고라도 누려 보고픈 욕망에 순간 치 떠는 인간 심성을 그저 철학적 이성으로만 비추거나 혹은 덧없다 되뇌며 한탄만 하겠는가.

'유혹해 주길 기다리고 있다'는 말이 가설로만 멈추어 설 때 사람들은 그에 관한 비판과 탐닉 대열에 남몰래 합류할 준비를 마친다. 어느 쪽에 줄 설 것인지도 미리 정한 이는 아무도 없을 것이다. 그걸 예정해 두었다면 슬기로운 시민이었을 것이다. 법도 도덕도 별달리 필요치 않았던 그런 존재로. 곁눈질의 쾌감과 일탈의 행복에 자지러지는 기쁨 또한 헌법이 명명하지 않은 행복추구권의 또 다른 기본이라며 믿고 사는 사람들은 의외로 많다. 그걸 핏대 올리며 다스리려 들 때 권력은 더 촌스러워지고 규범은 한낱 빛바랜 족쇄밖에 되지 않는다는 이치를 터득 못한 이들도 별로 없다.

유혹할 대상이라도 있거나 차라리 유혹당할 형편이 된다면 잊을 수 있는 불행, 범벅으로 넘쳐나는 땅이 '이곳'이라 여기면 그건 지나친 자학일까. 구태여 무엇을 위로받기 위하여 읽는 만화도 아니고 기어이 기뻐지기 위해 호기로 무장하는 성인만화가 아니어도 좋다. 순간적으로 이끌려 읽었으되 읽은 만큼 행복해진다면, 단지 그럴 수만 있다면 만화는 유혹의 정치력을 성공적으로 발휘한 셈이다.

생각해 보자. 그 이상 더 흡족할 만한 행복의 재생산 계기가 또 어디에 있을지를. 그것이 비록 독한 정치적 주관이나 혼자서나 좋아 할 기벽의 결과라 치부해도 행복이란 게 잠시 웃고 순간을 기뻐해도 그게 미치도록 진지한 '순수의 정제물'일 수 있다면 삶은 그걸로 족하지 않을까. 게다가 탄식보다 더한 정성으로 궁리하고 치 떨리도록 성실한 선묘의 결과물이라면.

다시 행복해질 수 있다는 믿음 하나로 나설 수 있는 세상은 또 하나의 종교처럼 대상화될 수 있을 것이리라. 다 죽어버려 이젠 정말이지 되살아날 기미도 엿보이지 않는 세상에 메마른 웃음조차 복음의 햇살처럼 비추인다면 재기의 발판은 별달리 요란한 의식儀式 없이도 마련되지 않을까. 그렇게 보면 유혹은 곧 강한 삶의 원천이자 여느 에너지보다 드센 힘의 자원으로 '있다 없다'를 반복한다.

흩어져 존재하다 모여들면 막강해 지는 힘이란 게 어딘들 없었겠는가마는 유혹이 권력보다 더 '쎔'을 최성실은 눈치 채고 있었다. 그걸 꿰뚫었던 것 역시 유혹의 힘 때문이었을까. 다시 행복해질 수 있다는 믿음의 파편과 더불어? 잘 읽어보자, 다음 인용을.

> 유혹은 기호를 흡수하는 가운데 이루어지는 공모이며 비밀리에 이루어지는 음모와 같다. 그렇기 때문에 그것은 도전할 수 있고 논리화될 수 있는 것이다. 왜냐하면 이는 섹스를 사이에 두고 그것이 진실한 의미가 없을지도 모른다는 사실을 감추면서 끊임없이 밀고 당기는 게임, 전복적이고 전위적인 놀이의 기호들을 만들어갈 수 있기 때문이다. 그 유혹 앞에서 금기와 위반은 놀이를 위한 중요한 장애물이 된다. 그 장애물은 고통을 배가시키는 장치이면서 동시에 인간의 다양한 속성을 드러내는 매개가 되기도 한다. 폭력과 광기에 사로잡혀 있는 성관계 속에서 읽을 수 있는 에로티즘의 논리는 쾌락의 논리로부터 어떻게 도전과 죽음의 논리가 생성되는가 하는 것이다. 특히 섹스의 대상에 불과하던 여성이 유희를 지배

> 하는 자가 되어 매혹적이고 유혹적인 논리로 상황을 바꾸어 가는 과정은, 어떤 측면에서는 유혹이 지배권력보다 강하다는 사실을 보여주는 것이기도 하다. 에로티즘의 폭력을 통하여 속박과 금기에서 벗어나고자 하는 인간들이 다시 원래 상태로 돌아오고 마는 것은 '어디까지 무엇이 가능한가 끝까지 가보자'는 에로스적 추동력의 한계를 보여주는 것이다.[6]

그것이 아직 뜯겨지지 않은 채 팽팽히 빛나는 겉포장 비닐 속의 '궁금함'으로 다가오든, 아니면 이미 최영미가 표현한 '마지막 섹스의 추억'[7]으로 연상되든 유혹의 성인만화 지평은 세상 곳곳으로 펼쳐진다. 반드시 그게 섹스란 용어나 이를 떠올리게 만드는 온갖 몸짓이 아니어도 욕망 해소의 원색적 자원들을 즉시 보장한다면 얘긴 간단히 끝나버리는 게 아닌가. 그 정치적 통렬함만 보장된다면.

폭력이 인간을 잡아끄는 이치도 욕설의 그것과 같지 않았던가. 휘두르고 내지르는 배설의 정치가 진작부터 그에 상응하는 쾌락을 늘 예비하는 법이었으니까. 그것이 동원 가능한 행복의 수단임을 모두에게 일깨우려 들 때, 눈 돌리고 몸 바꿔 마음마저 그리로 향하게 만든 유혹의 바다 밀물을 무엇으로 마다할 일이었겠는가. 그 대가가 육신의 혹독한 부자유와 천길만길 낭떠러지보다 더한 회한으로 다가설 일이라 해도 폭력의 향유가 보장하는 쾌감과 순간의 장쾌한 열락悅

樂을 미친 듯 좇는 까닭도 무슨 설명이 필요하리오.

돌이키지 못할 억장의 비용을 청구받을망정 밤에 피는 장미 속으로 진저리치며 파고드는 부나비의 내막을 따지고 물을 자 어디든 없지 않겠는가. 꽃 속 향기에 취하고 잎 새 묻은 독에 마비되어 머잖아 날개짓 멈춰야 할 처지임을 구태여 거울로 비쳐야 알 일일까. 당장 까맣게 타 죽는 것이 푸드덕거리는 불나방의 운명을 한층 편안케 할 마지막 선택이라 해도 이슬방울 빛나는 새벽 거미줄 가운데로 맹렬히 날라든 저 '날 것'의 동기를 뉘라 탓하겠는가. 꿀통에 빠진 개미 한 마리, 그 발버둥이야 미치도록 애처로울망정 나오지 못할 한가운데서 부비고 빨며 겨워하는 모습은 지상최대의 행복 아니려나.

아무리 빨리 해도 늦는 게 후회라 하였던가. 그러나 어찌할 것인가, 이미 빠져버린 유혹의 늪인 것을. 젖어 들대로 흠씬 사무친 쾌락의 향기는 이내 떨치기 버거운 말초의 아득함을 세포 마디마디마다 심어놓은 다음인 걸. 최성실이 짚은 대로 '유혹은 지배권력보다 강하다.' 이같은 사실도 '그'에 빠져보았던 이들 모두가 뼈저리게 느낄, 아니 느꼈던, 게다가 지금도 절감하고 있는 마력은 아닐까. 하여 누군가 불현듯 저 본능의 플러그를 빼낼 때 별빛으로 튀어오르는 연보라 스파크는 비로소 가슴팍 후벼 파며 아련한 두려움 저미도록 더 크게 키운 것 아니었던가.

성기를 전면前面에서 다루지 못했다고 시비함이 자신의 성적 무능과 불성실을 호도하는 핑계가 될 수 없듯 타인의 섹스를 글과 그림으로 보여주는 행위가 타자혹은 독자의 도덕성과 윤리의식의 강도强度를 검색하는 리트머스 페이퍼가 되는 건 아니다. '보는 나'를 누군가 '다시 볼' 때 강박이 일듯 이를 의식하는 나에게 어느덧 타인의 시선의 포로가 되는 걸 뿌리칠 재간은 없어진다. 그때 내가 바라보는, 아니 줄곧 보고 있던 그것오브제이 타자의 눈에도 전혀 문제되지 않는다면 어떻게 될까. 시지각의 강박은 어느덧 자유로워지고 이를 모순으로 절감하는 의식도 순간 무의식에게 자리를 양보하는 기이함조차 전혀 이상한 일이 되지 않는다.

감각적 탐닉을 향한 무의식의 공모와 시지각 대상을 도덕적으로 고정시켜야 한다는 강박은 오브제가 바뀌거나 뒤집어지면 곤란하다는 긴장감을 자연스레 숙성시킨다. 따라서 보되 얼굴 모습은 늘 근엄해야 한다든가 시선의 각도는 그에 비례할 필요까진 없다는 이른바 '훔쳐보기'의 역사가 탄생한다. 순간으로 탐닉하고 타자의 눈으로 자신을 해방시키는 비자발적 의존의 세월이 시작된 것이다.

따라서 '본다는 행위' 속에는 이미 '보아준다'는 자기 용인과 사회적 인간관계가 전제[8]된 모종의 타협적 후퇴가 개재한다. 그렇게 이해해야 할 여러 양해절차가 개입하는 것이다. 그리하여 한 번에 모든 걸 다 읽어버리는 간파의 역사도 상정할 수 있었고 모든 게 다 보여도 하나에만 매달리는 집착의 세월 역시 얼마든지 가능했던 셈이다.

섹스에 관한 집착은 성인만화 구성의 역조를 불러오는 게 사실이다. 제아무리 그 때문에 장르가 존재한다는 절반의 정체성 변론이 가능하다 해도 행위 그 자체에 관한 만화적 반복은 자칫 식상하거나 항시 예측 가능한 옐로우 미디어로 성인만화의 성격을 고정시켜 버린다. 하지만 치명적 약점이 동시에 항구적 강점이 되는 마력도 성인만화만의 매력이다. 결국 그것 때문에 '한사코 안 본다'는 말은 위선이다. 하지만 그것 보려고 '기어이 본다'는 언사도 위악일 수밖에 없는 여지를 스스로 남긴다는 데 모순은 제 스스로 역설의 똬리를 튼다.

그러나 정작 만화가 문학에 포함되는지 여부나 그 '경계의 정체'에 관해 최성실은 말하지 않는다. 도리어 우리 문학이 왜 성적 상상에 빈곤한지 천착할 따름이었다. 전략적 삽입을 불사할망정 본원적 구명에 인색한 이유가 무엇인지, 소재로는 탁월하되 주제로는 왜 여전히 쑥스럽고 겸연쩍기만 한 것인지에 관하여. 하지만 문학적 '점잖음'이 진정 사회적 행복과 인간적 쾌락의 문제를 묘사하는 인문학의 도구로 순기능을 발휘했는지는 그의 글로 추론하기 힘들다.

그것은 아직도 이 땅의 문학이 폐활량과 관계없이 '엄숙주의'와 '보수주의'란 두 개의 폐로 숨 쉬어야만 한다는 강박에 깊이 빠져 있음을 반증한다. 모든 문학이 거대 담론의 소화능력을 갖춘 건 물론 아닐 것이다. 문학의 역사 환경이 여전히 저항민족주의의 함성과 감각적 반항 무드로 도배塗褙된 것 또한 아닐 터이다. 하지만 그래도 그래야만 할 것이란 무의식적 압박이 낡은 외투의 견장肩章처럼 문학의 어깨를 짓누를 때 섹스는 왠지 서툴고 폭력은 그다지 탐탁지 않은 상대인 양 작가들을 주눅들게 했다.

남들이 저항할 때 자기 혼자 사랑을 불태우면 무슨 큰 일이나 나는 것처럼, 그래서 입맞춤도 고결하게 포옹도 우아하게 치러야만 했다. 더 높고 더 깊게 휘둘러야 할 폭력과 반항의 고담준론高談峻論 대신 구린내 나는 천변川邊에서 맨주먹 갈겨대는 동네 양아치들의 행패의 본질을 파고든다는 게 문학이 할 일은 아닌 듯 여겨졌던 터였다.

그리하여 문학은 아직도 공동체 전체와 역사의 소리를 아우를 수 있어야 한다는 예전의 주문을 불현듯 의식해야 한다. 그게 오늘의 현실이다. 그래야 잠이 오고 그래야만 내일을 열 수 있다는 진중한 확인절차와 함께. 세상이 한없이 가벼워져도 문학은 문학이며 작가는 작가여야 한했다는 사실. 이같은 시대의 요청이 때로 숨 막히도록 문학을 옥죌 때 글로 이끌고 작품으로 말해야 할 작가의 역할이란 덤불로 목을 매고 운명의 가시 오랏줄로 자신을 칭칭 동여매야 할 선연鮮然한 학대의 그것으로 다가오고 있었다.

이같은 '강박'이 철갑의 무게로 문학을 짓누르는 동안 타자성인만화의 자유로운 문예적 '부유浮遊'는 때로 감당치 못할 질시와 호기好奇의 대상으로 비쳐지고 있었다. 만화, 특히 한국 성인만화의 공개적인 그러나 은밀한 확산은 이미 '전신적 반어全身的 反語'의 메시지를 뼈 속부터 담으려 작정하고 있던 터였다. 그것은 만화가 문학의 하위가 아니란 편리한 탈출구 하나만 믿고 획책한 도발이 아니었다. 도리어 표현과정에서 만화의 시각적 즉발성이 문학의 간접성보다 효과적이란 사실을 뒤집어 보면 성인만화마저 문학을 흉내내며 점잖아질 까닭은 결코 없었기 때문이다.

문학이 곁눈질의 정치를 포기하지 못하는 사실에 관해 최성실은 여전히 탐탁해하지 않는 눈치다.

> 한국소설에서 진정한 의미에서의 포르노적 상상력과 에로티즘의 미학을 가능하지 못하게 하는 요소들은 극단적이고 가학적인 나르시시즘이나 완전한 파멸과 죽음을 담보하지 못하는 성적 상상력과 현실 환원주의, 여성의 원형적인 이미지를 신비화하고 강조하는 인식 등 몇 가지로 정리될 수 있을 것이다. 그러한 이유로 지극히 요부적인 인물이나 창녀의 이미지를 통해 새로운 섹슈얼리티를 발현하기보다는 지극히 규범적인 성역할과 이를 실현하는 육체의 이미지에 빨려 들어가거나 동화되는 것은 아닐까. '육체'는 그렇게 자연스러운

> 것이 아니다. 에로티즘도 자연스럽게 이루어지는 타자와 나의 의사소통 방식만은 아닌 것이다. 거기에는 복잡하고 미묘한 심리적인 모순과 갈등이 쉽게 해결의 국면을 찾지 못한 채 얽혀 있는 것이다. … '진정한 섹스는 존재하지 않는다' 는 사실을 감추기 위해서 섹스는 항상 거기에 있다는 말처럼, 진정한 의미의 성적 구현 방식의 의미는 있음이 아니라 항상 부재하는 가상의 공간을 헤집고 다니며 찾아야 하는 것일는지도 모른다.[9]

만화, 특히 성인만화의 '용감함'은 그렇다면 반문학적 도발과 반사회적 저항을 바탕에 둔 정치적 선택일까. 아무도 대신해 주지 않는, 아니 대신해 줄 수 없는 의도적 행위의 결과물로서? 속俗되자고 작정했다면 이만큼 낮출 수도 없었을 것이다. 어깨에 힘 빼고 다가서자 마음먹기로 했다면 이들처럼 소박하기도 어려웠을 것이다. 누구든 어르고 덤빌 대상인 양 만만할 일이었다면 세상 어느 장르도 이처럼 푸근하고 편안하기란 쉽지 않았을 것이리라.

모두가 스스로 낮추었기 때문이라면 틀린 말일까. 하지만 만화와 문학의 경계선상에서 제기될 온갖 쟁점들을 굳이 상상하자면 그 끝은 가늠하기 어렵다. 그것도 중간지대의 '겹침'과 '충돌'을 일정 부분 감안한다면 두 진영의 공조[10]와 독자적 개성 유지의 미래란 것도 쉽게 가늠할 일은 아닐 것이다. 다만 독자들의 행복이라는, 그것이 비록 시지각의 쾌감을 극대화하는 '뒤 끝'이든 아니면 연상과 유추로도 극대화되는 상상 속 '비밀의 화원'이든 영토 확장을 위해 복무해야 할 작가의 의무는 만만치 않다. 그것이 아무리 가혹한 과업이라 한들 끝간 데 없이 이어질 문자의 향연과 기염의 난무는 선택사항이 아니라는 데 다시 주목할 일이다.

섹슈얼 러브는 이제 삶의 기본 질서 구가에서 전혀 유난스런 묘사대상이 되지 않는다. 아직도 그게 꽤나 충격적이란 의식이 융성하여 꿈틀대는 감각을 방해하거나 다스리려 드는 경우라면—문학과 만화에서—성애는 차라리 수줍음을 빙자한 회피대상으로 유예시키는 편이 나을 것이다. 마찬가지로 한껏 질척이며 감각에 겨워 표현에 충실하려 몸부림치거나 그 극한의 순간을 잡아 늘리지 못해 괴로워하는 때도 있을 것이다.

어느 경우든 관계없이 그러나 성애는 사무적 통과의례가 아니다. 그것은 활력의 견인차이자 타락의 촉매제로 작동한다. 양날의 칼이 때로 자신을 베며 그 핏물로 아울러 타자를 즐겁게 만드는 행위의 대가란 '혹독함'과 '아련함'이란 배타적 모습을 취한다. 하여 모두의 '숨은 순수'를 한껏 더 혹독하게 시험하는 삶의 변수로 질기도록 그들 뒤를 따라붙을 것이다. 열락의 벼랑 끝에서 모든 걸 다 잃어도 좋다고 호언하거나 다시는 빠져들지 않으리라 다짐하게 만드는 저 엉뚱한 '검은 구멍Blackhole' 은 앞으로도 건재할 것이다.

열린 듯 다시 닫히고 닫힌 듯 또 소생하는 죽음(?)의 기운이 이내 목숨 걸도록 잡아채는 삶의 계기도 곳곳에서 배양중이다. 그것이 저 익명의 상대방 몸 속 어딘가에서 뿜어나오는 체취와 때맞춰 코 끝 후리는 지분 냄새로 한층 펄떡거릴 '것' 임도 애당초 점성술에 기대 맞춰볼 사안은 아니었다. 살아 있다는 게 축복이며 동시에 행복을 유예하는 기다림의 이유인 걸 어디 꼭 부르짖어야만 알 일이었겠는가.

문학이든 만화든 살아 있는 인간들 모두의 삶의 근수斤數가 오늘 어느 저울 속 바늘 결에서 떨고 있는지 샅샅이 훑고 뜨겁도록 뒤쫓진 못할 것이다. 역사도 감내하지 못할 그 과업을 누가 누구에게 전가할 것이며 뉘라 그 존재의 무게감을 언어와 문자로, 아니 선과 색으로 감히 채근할 것이겠는가. 설령 그 일이 가능하다 해도 모두가 기댈 삶의 느티나무는 진정 미덥도록 두터운 대지 위에 튼튼히 뿌리박았다 말할 수 있을까. 그리하여 내일을 모른 채 불안해하는 우리들 전부가 기대도 좋을 만큼 잎새와 가지의 풍요를 뽐내도 좋을 날이 정말 오긴 오는 걸까.

그러나 어느 진영이든 그들이 선택 · 구사할 항구적 소재로 '성애' 는 사라지지 않을 것이다. 그것은 늘 일정한 관심대상으로 우리의 눈과 머리를 궁금하게 할 것이 분명하다. 전략으로든 목적으로든 관계없이 말이다. 아니 대책 모를 주제 그 자체로 떠올린들 무슨 상관이겠는가. 두들기든 쪼아대든 문제를 문제로 자각하고 끝내 깨겠다고 덤벼드는 자세의 진정성만 담보된다면 대상 그 자체가 내뿜는 색깔과 냄새야 무슨 시비의 대상이 되겠는가.

섹슈얼 러브를 다루기 전 작가들 스스로가 자신의 '몸'과 타자의 '그것'을 어떻게 바라보느냐에 따라 독자들의 조응도 결정될 것이다. 양자의 긴장과 갈등이 더욱 팽팽해질지 여부도 창작을 향한 상상과 이를 깨는 작가군의 능력으로 판가름날 것이다. 가르치려 들지 않고 온 몸으로 느끼게 할 수만 있다면 감각의 무한 촉발과 즉발적 행복의 확산이 무슨 혹세무민의 혐의로 탈바꿈하랴. 어느 진영이든 이를 마다할 필요가 있을까. '성애'를 유혹의 방편으로 삼는다는 이유 하나만으로 본능과 감각의 명령에 불복할 마음이라면 모를까 이제 성인만화를 거부할 정치적 명분은 빈약해진 셈이다.

아무리 잡아떼려 기써도 떨어지지 않던 그 꽃잎은 나의 살갗과 그이의 감각 세포 다른 곳에서 또 다시 함초롬 피어나는 중이다. 어제 떼어낸 바로 그 꽃자리 곁 그리 멀지 않은 데서 속절 없이 대책 없이. 그처럼 이내 훌쩍 솟아오른 걸 정말이지 몰랐다 내숭떠는 것도 더는 죄가 아닐 것이리라. '유혹'이란 이름의 꽃이 그렇게 피어올라 그같이 사라지는 향기의 도가니인 걸 나만 몰랐다 한들 누가 감히 탓하겠는가. 그도 나도 모두 만화라도 읽어야 철 들 어른같은 아이인 것을.

이렇게라도 숨통 터야 살아갈 죄 많고 척박한 도시가 바로 '여기' 임을 정녕 모를 일일까. 만화가 권력보다 더욱 인간적이며 절창絶唱의 선묘가 세도의 허장성세虛張聲勢보다 살갑고 정겨운 이치로 넘쳐나는 걸 어찌 몇 마디 말로 다 두둔할 일이겠는가. 그래서 행복하고 그리하여 또 희망에 겨울 수 있다면 만화의 정치가 권력의 허구를 깰 모두의 안식처임도 그 때 이르러 한껏 분명해지지 않겠는가.

19 주

1_ 백준기, "만화미학탐문 : 만화 텍스트의 기호적 구축을 위하여,"「만화애니메이션연구」 통권 제3호(1999), p. 205.

2_ 윗글, p. 254, 257.

3_ 만화 밖에서 만화의 위기를 운위함은 무리일 것이다. 다만 어느 시대든 '위기' 란 용어가 문제 해결을 촉구하는 다소 절박한 용어로 과장될 수 있(었)다는 점에서 실체 파악까진 늘 시간이 필요할 것이다. 오늘의 만화 위기에 관한 흥미로운 단상은 다음 참조. 박인하, "무크지의 추억," 강인선 펴냄,「Comic Mook 01 [밥]」(서울 : 거북이북스, 2006), pp. 10–11.

4_ 이인성, "편지쓰기," 이인성 소설집,『강 어귀에 섬 하나』(서울 : 문학과지성사, 1999), pp. 99–100.

5_ 정말이지 누구든 걸핏하면 '먹고 살자고 하는 짓' 이 '이 일' 이란 변명은 하지 말자. 그러다 '그 일' 잘못되면 그땐 누가 책임질 건가. 먹고 살자고 한 일이니까 '밥' 에게야 혐의가 없어질 일이다. 하지만 그 때문에 피본 사람은 누구한테 항의해야 되는가 말이다. 애꿎게 세상에 모습 드러낸 '일의 결과' 는 또 무엇이겠는가 말이다.

6_ 최성실, "한국문학과 성적 상상력의 빈곤 : 누가 한국문학에서 포르노, 에로티즘, 섹슈얼리티를 묻는가,"「문학 | 판」 통권 제5호(서울 : 열림원, 2002년 겨울호), p. 103.

7_ 최영미 시집,『서른, 잔치는 끝났다』(서울 : 창작과비평사, 1994), pp. 22–23. '추억' 이란 용어가 구태여 부담스럽다면 차라리 '기억' 으로 바꿔보자.

8_ 보기 싫어도 보아야 하는 상대가 앞에 '있음' 은 보지 않을 수 없는 물리적 의무가 나의 존재에 이미 '앞서기' 때문이다. 그 의무 이행

이 싫어 그를 제거하거나 피한다 한들 나의 존재감은 스스로를 부정하는 순간 까지 나의 의식 속 끝자락에 남는다. 아니 기억된 형식으로조차 타자의 의식 속에 머문다. 그 모두를 완벽하게 제거할 방법은 적어도 사회 속에 '없다.' 따라서 누구든 누군가와 맺게 될 관계망을 벗어나지 못하는 한 사회적 부담의 형식은 늘 거기 그대로 남게 된다.

9_ 최성실(2002), 윗글, p. 112.

10_ 가령 다음과 같은 작품들에 주목할 일이다. 오세영, 『오세영(한국 단편 소설과 만남)』(서울 : 청년사, 2005); 김대중, 『자지 도시의 아름다운 추억』(서울 : 새만화책, 2002).

참고문헌

단행본

길문섭. 『만화의 문화시대 : 개념의 이해와 실제』(서울 : 국제, 2000).

나예리(외) 17인 지음. 『만화가가 말하는 만화가 : 17명의 만화가들이 솔직하게 털어놓은 만화가의 세계』(서울 : 부·키, 2006).

박노웅. 『성인사이트 2 : 팝업메뉴 없이 볼 수 있는』(서울 : 업그레이드 미디어, 2000).

박인하. 『장르 만화의 세계』(서울 : 살림, 2004).

유선영·박용규(외) 지음. 『한국 시사만화』(서울 : 한국언론재단, 2000).

이광호. 『이토록 사소한 정치성』(서울 : 문학과지성사, 2006).

이명구. 『'性의 바다' 인터넷 : 포르노사이트 기행기』(서울 : 예술시대, 1988).

장상용. 『한국대표만화가 18명의 감동적인 이야기 I』·『한국대표만화가 18명의 감동적인 이야기 II』(서울 : 크림슨, 2004).

정종진. 『한국 현대문학의 성 표현 방법』(서울 : 태학사, 1997).

정현숙. 『일본 만화의 사회학 : 만화사적 접근을 통해 본 경쟁력의 기반』(서울 : 문학과지성사, 2004).
천정환 · 김건우 · 이정숙 지음. 『혁명과 웃음 : 김승옥의 시사만화 〈파고다영감〉을 통해 본 4 · 19 혁명의 가을』(서울 : 앨피, 2005).
최열. 『한국 만화의 역사』(서울 : 열화당, 1995).

Barker, Martin. *Comics : Ideology, Power and the Critics* (Manchester : Manchester University Press, 1989).
Bok, Chip. *A Recent History of the United States in Political Cartoons : A Look Bok* (Akron, Ohio : University of Akron Press, 2005).
Butler, Judith. *Bodies That Matter : On the Discursive Limits of "Sex"* (London : Routledge, 1993).
Duncombe, Stephen. *Notes from Underground : Zines and the Politics of Alternative Culture* (London : Verso, 1997).
Freels, Jeffrey W. *Cartoons, Politics, and the Fourth Estate : The Emergence of Visual Media in Nineteenth-Century Great Britain, United States, and France* (Ann Arbor, Michigan : ProQuest/UMI, 2006).
Turner, Martyn. *The Noble Art of Politics : Political Cartoons 1994-96* (Belfast : Blackstaff Press Ltd, 1997).

논문

강형구 · 탁진영. "시사만화에 나타난 대통령 후보자의 시각적 이미지에 관한 연구." 한국언론학회(편). 「한국언론학보」 제 50집 3호 (2006), pp. 5-37.
김지영. "순정만화의 멜로적 형식과 감성의 정치학 : 황미나 · 김혜린의 작품을 중심으로." 민족어문학회(편). 「어문논집」 제 53호 (2006), pp. 419-460.

박기순. “시사만화의 등장인물에 대한 Q 방법론적 연구 : 김대중과 김영삼 (가나나 순)의 매스 미디어 팬터지.” 한국언론학회(편). 「한국언론학보」 제27집 (1992), pp. 121-137.

박인하. “무크지의 추억.” 강인선 펴냄. 「Comic Mook 01 [밥]」 (서울 : 거북이북스, 2006), pp. 10-11.

박주필. “스포츠신문의 포르노 만화군단.” 「월간 말」 통권50호 (1990. 8), pp. 90-91.

백준기. “만화미학탐문 : 만화 텍스트의 기호적 구축을 위하여.” 「만화애니메이션연구」 통권 제3호(1999), p. 194-301.

양태영. “시사만화텍스트의 언어학적 분석.” 한국어의미학회(편). 「한국어의미학」 제6집 (2000), pp. 139-169.

윤수재. “상징체계를 통한 우리나라 정부의 이미지 분석 : 시사만화의 text 분석 중심으로.” 중앙대학교 국가정책연구소(편). 「중앙행정논집」 제13집 1호 (1999), pp. 69-89.

윤수재, “시사만화를 통한 우리나라 정부의 비유체계분석 : 정부와 국민의 거리감.” 한국정책학회 1999년도 하계학술대회 발표논문집 (1999), pp. 731-748.

이성연. “시사만화의 텍스트성 연구.” 한민족어문학회(편). 「한민족어문학」 제46집(2005), pp. 381 -408.

이재진. “신문의 시사만화 및 만평에 있어서의 표현의 자유의 한계 : 비교법제론적 연구.” 방일영문화재단(편). 「한국언론학술논총」 (서울 : 커뮤니케이션북스, 2001).

장용걸. “일본 대중문화의 수용에 있어서 부정적 인식에 관한 고찰 : 만화와 애니메이션을 중심으로.” 경남대학교 교육문제연구소(편). 「교육이론과 실천」 제12집 1호 (2002), p. 207-219.

정유라. “한국 만화영화 텍스트 연구 : 暴力 養成 메커니즘을 중심으로.” 한국만화애니메이션학회(편). 「만화애니메이션 연구」 제1집 (1997), pp. 1-54.

정희정. “한국 근대 초기 시사만화 연구 : 1909-1920년.” 한국근대미술사학회(편). 「한국근대미술사학」 제10집 (2002), pp. 314-316.
최성실. "한국문학과 성적 상상력의 빈곤 : 누가 한국문학에서 포르노, 에로티즘, 섹슈얼리티를 묻는가." 「문학 | 판」 통권 제5호 (서울 : 열림원, 2002년 겨울호), p. 100-112.

학위논문

강미라. "고교생의 음란매체 접촉과 잠재적 비행과의 관계." 제주대학교 교육대학원 석사학위논문(2002).
류헌결. "대중문화가 초등학생 문화에 미치는 영향." 순천대학교 대학원 석사학위논문(2002).
원윤미. "순정만화 장르에 나타난 섹슈얼리티와 수용양상에 관한 연구." 서강대학교 언론대학원 석사학위논문(2001).
유주연. "중학생의 동성애적 음란물 접촉정도와 동성애 혐오증 및 고정관념과의 관계." 서울여자대학교 특수치료전문대학원 석사학위논문(2004).
이관기. "청소년의 음란물 지각 및 경험과 성행동과의 관계." 우석대학교 교육대학원 석사학위논문(2002).
조창호. "청소년 인터넷 음란물 접촉실태와 규제방안의 효과성 연구 : 서울시 중 · 고등학생을 중심으로." 명지대학교 대학원 석사학위논문(2003).
차애옥. "신문 만화가 만화문화에 미친 영향에 관한 연구 : 스포츠 신문 만화를 중심으로." 서강대학교 공공정책대학원 석사학위논문(1993).

보고서

한국간행물윤리위원회. 『선정적 만화가 청소년의 성의식 형성에 미치는 영향』(서울 : 한국간행물윤리위원회, 1997).
한국간행물윤리위원회. 『음란물이 청소년의 성의식과 성폭력 인식에 미치는 영향』(서울 : 한국간행물윤리위원회, 1998).
한국간행물윤리위원회. 『일본 복사만화 조사 분석 및 한 · 일 소년 · 소녀 만화잡지 비교』(서울 : 한국간행물윤리위원회, 1990).
한국간행물윤리위원회. 『청소년 유해간행물에 대한 성인 인식도 조사』(서울 : 한국간행물윤리위원회, 1997).

만화 (On & Off-Line)

구달. 『오팔팔 블루스』 제1권 (안양 : 자유구역, 2004).
김대중. 『자지 도시의 아름다운 추억』(서울 : 새만화책, 2002).
김성모. 『매독진(梅毒疹)』 제1권 (안양 : 자유구역, 2005).
김성모. 『빽파』 1 (서울 : 청솔, 2001).
김성모. 『용주골 비하인드 스토리』 제1권 (안양 : 자유구역, 2004).
김성모. 『용주골 소매치기 탑걸』 제20권 (안양 : 자유구역, 2005).
김성모. 『용주골』 제1권 (서울 : 청솔, 2001).
김성모. 『호스티스』 제1권 (서울 : 대명종, 2003).
김성모. 『화류계거상(花柳界巨商)』 제1권 (안양 : 자유구역, 2005).
김성모. 『황제의 섹스투어』 제1권 (안양 : 자유구역, 2005).
김소현 · 목경수. 『개비도』 제1권 (서울 : 대원문화출판사, 1998).
오세영. 『오세영(한국 단편 소설과 만남)』(서울 : 청년사, 2005).
육제. 『색고달녀』 제1 · 2화 (서울 : 프리코믹, 2001).
육제. 『이웃집 여인』 제1 · 2화 (서울 : 프리코믹, 2000).
장세이 · 김선권. 『기쁨조』 제1권 (서울 : 대명종, 2005).
장세이. 『폭주제비』 제1권 (서울 : 대명종, 2003).
정낙원. 『바꿔타는 남자』 제1 · 3 · 4화 (서울, 프리코믹, 2001).

조성빈 성인극화.『大物』제1 · 2 · 3 · 8 · 10권 (서울 : 귀족, 1999).
조성빈.『섹시얼라이프』제1 · 2 화 (서울 : 다빈치, 2000).
Kurashina, Ryou. 作 · Misaki Sata 畵.『밤의 여제』1 (서울 : 거산, 1998).

DVD

제임스 맥티그(감독). *V For Vendetta/Special Features, England Prevails : V For Vendetta and the New Wave in Comics* (Warner Bros, 2006).
로버트 로드리게즈 · 쿠엔틴 타란티노 外 (감독). *Sin City* (Enterone, 2006).

시 · 단편소설

이인성. "편지쓰기." 이인성 소설집.『강 어귀에 섬 하나』(서울 : 문학과지성사, 1999), pp. 83-104.
최영미 시집.『서른, 잔치는 끝났다』(서울 : 창작과비평사, 1994).

법전 · 시행령

법제처 공식홈페이지. http://www.moleg.go.kr/
한국간행물윤리위원회 공식 홈페이지. http://www.kpec.or.kr/

찾아보기

| 박종성 |

한양대학교 정치외교학과 졸업(정치학사)
서울대학교 대학원 정치학과 석사과정 졸업(정치학 석사)
서울대학교 대학원 정치학과 박사과정 졸업(정치학 박사)
서원대학교 정치행정학과 교수

저서

- 혁명이론의 재구성에 관한 연구 : 비교역사사회학적 방법론을 중심으로(신정사, 1982)
- 혁명의 이론사 : 그 연구는 아직 끝나지 않았다(인간사랑, 1991)
- 박헌영론 : 한 조선혁명가의 좌절과 꿈(인간사랑, 1992)
- 정치는 파벌을 낳고 파벌은 정치를 배반한다(한울, 1992)
- 한국의 매춘 : 쾌락의 실재와 구원의 부재(인간사랑, 1994)
- 왕조의 정치변동 : 조선조의 국가존속과 농민의 정치적 저항(인간사랑, 1995)
- 권력과 매춘 : 억압의 음모와 도피의 흉계(인간사랑, 1996)
- 강점기 조선의 정치질서 : 忍從과 저항의 단층변동(인간사랑, 1997)
- 인맥으로 본 한국정치(한울, 1997)
- 정치와 영화 : 영상의 지배전략과 권력의 계산(인간사랑, 1999)
- 한국정치와 정치폭력 : 해방 후 권력과 민중의 충돌(서울대학교출판부, 2001)
- 백정과 기생 : 조선천민사의 두 얼굴(서울대학교출판부, 2003)
- 포르노는 없다 : 권력에 대한 복집한 反感의 표현(인간사랑, 2003)
- 문학과 정치 : 억압과 우울의 나날, 그리고 病든 근대(인간사랑, 2004)
- 조선은 법가의 나라였는가 : 죄와 벌의 통치공학(인간사랑, 2007)

편저

- 민주주의와 학교교육(일신사, 1991)
- 갑오동학농민혁명의 쟁점(집문당, 1994)
- 性 · 權力 · 政治(법문사, 1995)
- 한국영화문화(월인, 2005)

한국 성인만화의 정치학 - 性愛, 유혹과 그 소멸의 향기-

초판1쇄 / 2007년 6월 30일

지은이 **박종성**
펴낸이 **여국동**
펴낸곳 **도서출판 인간사랑**
인 쇄 **백왕인쇄**
제 본 **은정제책사**

출판등록 1983. 1. 26. / 제일-3호

(411-815) **경기도 고양시 일산구 백석동** 1178-1
TEL (031)901-8144, 907-2003
FAX (031)905-5815
e-mail/igsr@yahoo.co.kr
igsr@naver.com

정가 15,000원

ISBN 978-89-7418-221-2 93340